HANS GERLACH

Probier doch mal

Süddeutsche Zeitung Magazin

Brandstätter

Inhalt

Mit Step-by-step-Videos bei vielen Rezepten

Vorwort

Als neugieriger Koch genieße ich jede Woche die Freiheit meiner Kolumne für das Magazin der Süddeutschen Zeitung „Probier doch mal!“ – das muss man mir nicht zweimal sagen. Sie finden in diesem Buch neue Ideen neben Klassikern in einer zeitgemäßen Form. Spaghetti cacio e pepe schmecken zum Beispiel noch besser mit etwas gedünstetem Schwarzkohl in der gepfefferten Käse-Emulsion. Was Sie wissen müssen, damit diese köstliche Pasta gut gelingt, steht im Rezept und in der kleinen Geschichte zum Gericht. Die Handgriffe, Tricks und Momente, die beim Kochen besondere Aufmerksamkeit gebrauchen können, sind ein essentieller Teil aller Texte und Rezepte.

Oft entscheiden Kleinigkeiten, ob ein Essen gut oder grandios schmeckt. Zum Beispiel geben wenige marinierte Kräuterblättchen vielen gemütlichen Gerichten mit Reis, Nudeln oder Bohnen genau die kleine zusätzliche Frische, die unseren Geist anregt, während der Körper Comfort Food genießt. Neues probieren gibt dem Leben Sinn, manche Rezepte sind eher kleine Projekte, die unseren kulinarischen Horizont erweitern können. Es tut gut, einmal ein Miso selber anzusetzen oder eine Kartoffelschalen-Jus für Weihnachten zu kochen – auch wenn beides auf den ersten Blick ein wenig aufwändig scheint. Denn selbst wenn solche Projekte vielleicht nicht immer gleich zum täglichen Ritual werden, ermöglichen sie gute Erfahrungen mit allen Sinnen. Und ein tiefes Verständnis für Lebensmittel und ihre Produktion. Viele Rezepte sind aber sehr einfach zuzubereiten: Spaghetti pestonara, besonders knusprige Kürbisrösti oder die Zitronencreme ohne jedes Bindemittel sind schnell gekocht und schmecken in der Alltagsküche genauso wie mit Freund*innen und Familie zu besonderen Gelegenheiten.

Gut kochen ist eine Grundlage jeder Zivilisation, reicht aber nicht: Unsere Ernährung soll nicht nur unser persönliches Glück und unsere Gesundheit, sondern auch die unseres Planeten fördern. „Planetary Health“ spielt immer eine Rolle, wenn wir essen. Die wunderbare Welt der Gemüse ist deshalb der Ausgangspunkt für den weitaus größten Teil meiner Rezepte. Ich gebe mir Mühe, Energie gut zu nutzen. Zutaten verwende ich möglichst komplett und zwar so, dass die Teile durch die Zubereitung wirklich aufgewertet werden. Das weit verbreitete Pesto aus Radieschenblättern interessiert mich nicht, denn mit viel Olivenöl und Parmesan schmeckt alles gut, sogar Radieschenblätter. Das ist Resteverwertungs-Blabla. Aber die Schoten frischer Erbsen ergeben eine großartige Brühe, genauso wie Maiskolben. Wassermelonenschalen als Kimchi sind wirklich köstliches Upcycling!

Neben einem tollen Essen ermöglicht auch der Weg dahin jede Menge Genuss: Wenn es in der Pfanne brutzelt, wenn sich ein Teig seidig oder bröselig anfühlt oder wenn Gewürze duften – all das sind wichtige Sinneseindrücke, die nichts mit Bildschirmen zu tun haben. Mit den Fingern sehen, mit den Ohren kochen, mit der Nase würzen. Probieren Sie es doch mal aus!

Hier geht's zur Playlist!

Basics

Kleine Vorräte, die gutes Kochen leichter machen: Mit selbst gemachtem Chili-Crunch, Furikake oder Kichererbsen-Miso im Regal wird sogar aus der einsamen Karotte im Gemüsefach ein denkwürdiges Mahl. DIY-Würzmischungen und -Pasten helfen, ganz einfache Gerichte in großartiges Essen zu verwandeln. Außerdem dabei: meine beiden Lieblings-Kimchi.

Chili-Crunch

Die würzigen Brösel passen auf Pasta, Suppen, Rühreier, Risotto – eigentlich fast immer, wenn ein Gericht schon ganz gut schmeckt, aber noch einen kleinen Extrakick gebrauchen kann. Das Gläschen mit Chili-Crunch sollte nie leer werden und immer griffbereit stehen.

Kalte Spaghetti und eine wenig vertrauenerweckende Tomatensauce standen in unserer Studioküche: Der Produktionsleiter eines Fernsehsenders hatte getestet, ob man bei Dunkelheit kochen könnte und was eine Infrarotkamera davon zeigen würde. Entsprechend verwahrlost sah das Ergebnis aus. Allein, die Zeit für unsere Mittagspause war knapp und wir versuchen keine Lebensmittel zu verschwenden. Wir aßen die Spaghetti sogar kalt, wie in einem britischen Drogenfilm des vergangenen Jahrtausends. Eigentlich ein Tiefpunkt, doch zum Glück stand da auch noch ein Glas Chili-Crunch, eine knusprige Mischung aus Chilis, Nüssen und Gewürzen. Damit wurde aus den kalten Spaghetti und der seltsamen Sauce ein sehr ordentlicher Nudelsalat. Die rauchige Schärfe der getrockneten Chilis, Umami aus Algen und Schalotten und ein knuspriges Mundgefühl verwandelten durch und durch reizlose Nahrungsmittel in ein erfreuliches Essen.

Chili-Crisp, Crispy Chili oder Salsa Macha kann man auch fertig kaufen. Doch in der selber gemachten Variante können Sie Schärfe und Gewürze bestimmen und zweifelhafte Zutaten wie Glutamat vermeiden. Mir gefällt eine Mischung aus milden Ancho-Chilis und etwas schärferen Chipotle-Chilis. Die werden beim Trocknen geräuchert – ein sehr angenehmes Aroma.

FÜR 1 SCHRAUBGLAS MIT CA. 400 ML

1 Noriblatt
25 g getrocknete Chiliflocken*
25 g geröstete, gesalzene Erdnüsse
25 g Pekannüsse
20 g weißer Sesam
1 TL (Muscovado-)Zucker
1 gestrichener TL Salz
1 TL sehr grob gemahlener Pfeffer
125 g Schalotten
½ Knolle frischer Knoblauch
250 ml Rapsöl oder Erdnussöl

* Z.B. 5 g Chipotle, 10 g Ancho, 10 g Isot biber (eher milde Sorten nehmen, aber nur Ancho wäre zu mild)

30 Minuten

1 Noriblatt mit einer Schere möglichst klein schneiden, dann noch etwas kleiner hacken oder grob mixen. Erdnüsse und Pekannüsse grob hacken, mit Chiliflocken, Sesam, Nori, Zucker, Salz und Pfeffer in einer Metallschüssel mischen.

2 Schalotten und Knoblauch schälen, die Schalotten längs halbieren. Separat beides in dünne, gleichmäßige Scheiben schneiden (geht gut mit einer Gemüsemandoline). Schalotten mit dem kalten Öl in einen Topf geben, erhitzen. Sobald das Öl sprudelt, oft umrühren, bis die Schalotten golden und knusprig sind. Durch ein feines Sieb gießen, Öl zurück in den Topf gießen. Knoblauch darin sehr hell frittieren – beim Abkühlen sollen die Knoblauchchips knusprig werden, dafür müssen sie leicht braun sein, sollen aber auf keinen Fall dunkel und bitter werden.

3 Abgießen, das Öl zurück auf den Herd setzen und auf 190 Grad erhitzen, über die Chili-Nussmischung gießen, erst vorsichtig, dann immer selbstbewusster. Umrühren. Die Chiliflocken und der Sesam sollen im heißen Öl leicht geröstet werden – der Duft soll intensiv, aber nicht verbrannt sein, die Chilis sollen dunkelrot, aber nicht schwarz werden. Ist das Öl zu heiß, einfach einen Schuss kaltes Öl dazugießen, um den Röstprozess abzubrechen. Abkühlen lassen, Knoblauch und Schalotten zugeben und alles in Gläser abfüllen.

CHILI-CRUNCH S. 8

KICHERERBSEN-MISO S. 12

Kichererbsen-Miso

Miso ist nicht nur vergoren, sondern – wie Salami – zusätzlich auch noch verschimmelt. Für die wunderbare Würzpaste, eine Grundlage der japanischen Küche, wird meistens eine Mischung aus Reis und Sojabohnen in Miso verwandelt. Es eignen sich jedoch alle Hülsenfrüchte mit hohem Eiweißgehalt für diese Art der Fermentation. Mein persönlicher Favorit ist eine Variante aus Reis und Kichererbsen. Damit das Miso am Ende richtig gut schmeckt, muss man in jedem Fall die richtigen Mikroorganismen umwerben, damit sie ihre gesunde und genussbringende Arbeit verrichten – mit Wohlfühl-Paketen und Rundum-Versorgung: Kuschelig warm soll es sein, aber auch nicht zu heiß, Getränke sind wichtig, aber nass darf es nicht sein. Und irgendjemand muss sich darum kümmern, dass Finsterlinge draußen bleiben. Dafür sorgt vor allem eine beachtliche Menge Salz. Manche Schimmelsorten sind nicht nur erwünscht, sondern essentiell, um Hülsenfrüchte in Miso zu transformieren. Hauptsächlich ist das ein Pilz namens Aspergillus flavus der Unterart Oryzae – er heißt so, weil er gerne auf Reis, Oryza sativa, wächst. Der gemeine Brotschimmel dagegen ist absolut unerwünscht.

Miso machen ist komplex. Ich hatte ein Standardwerk aus den 70er-Jahren gelesen, das Miso-Buch von Akiko Aoyagi und William Shurtleff. Es hat mich fasziniert, die Autoren schildern, wie man mit einfachen Mitteln eine eigene Misorei aufziehen kann, um damit gleichzeitig den eigenen Lebensunterhalt zu bestreiten und die Ernährung der Gesellschaft zu verbessern. Außerdem koche ich gerne mit Miso. Aber ich hatte nie versucht Miso anzusetzen. Bis ich bei einem Miso-Workshop Dr. Johnny Drain traf, einen Lebensmittelchemiker, der Avantgarde-Köche bei Fermentations-Projekten berät. Er brachte den fertigen edelverschimmelten Koji-Reis schon mit. Damit ist es dann leicht, selber Miso anzusetzen: Hülsenfrüchte kochen, mit Koji-Reis, Salz und etwas Wasser vermantschen, vier bis sechs Monate warten. Fertig. Es wäre eine sportliche Herausforderung, auch den Koji-Reis selber anzusetzen, vielleicht probiere ich das irgendwann, und man kann auch die reinen Pilz-Sporen problemlos kaufen. Aber für den Moment habe ich eine Methode gefunden, mit der ich ein leicht stückiges Miso ansetzen kann, das genau so schmeckt, wie ich es mir wünsche.

FÜR GUT 2 KG

650 g getrocknete Kichererbsen
250 g Kochwasser von den Kichererbsen
500 g trockenes Reis-Koji für Miso
200 g unbehandeltes Meersalz

● ○ ○

20 Minuten Arbeitszeit, 3 Stunden Kochzeit, 6 Monate Reifezeit

1 Kichererbsen in einer großen Schüssel mit heißem Wasser übergießen, 24 Stunden quellen lassen. Dann abgießen, mit frischem Wasser in einen Topf geben, aufkochen und kochen, bis die Kichererbsen so weich sind, dass man sie gut mit den Fingern zerdrücken kann (die Garzeit variiert, manchmal reicht 1 gute Stunde, es können auch fast 3 Stunden werden). In der Kochflüssigkeit auf 30 Grad abkühlen lassen. Abgießen, dabei 250 g vom Kochwasser auffangen.

2 1500 g Kichererbsen abwiegen, mit dem Koji in einer großen Schüssel mischen, Salz und 150 ml Kochwasser zugeben. Mit den Händen zu einer Paste zerdrücken oder mit einem Pürierstab pürieren. Ich mag es, wenn das Miso kleine Stückchen enthält, aber man kann es auch ganz glatt pürieren. Die fertige Paste soll sich gut zu Kugeln formen lassen, das heißt sie soll weder krümeln noch darf sie zu weich sein – cremig wäre die falsche Konsistenz. Wahrscheinlich fehlen noch etwa 100 ml Wasser, also nach und nach etwas mehr Kochwasser einarbeiten. Falls die Paste mehr als insgesamt 250 g Wasser aufnimmt, auch das Salz nachdosieren und zwar mit 9% vom zugegebenen Gewicht, also mit 11 g Wasser immer auch 1 g Salz zugeben.

3 Kichererbsenpaste zu knapp tennisballgroßen Kugeln formen und nach und nach in ein sauberes Fermentationsgefäß drücken. Am besten jede Kugel in die Mitte des Behälters legen und flachdrücken, so bleiben möglichst wenige Luftbläschen im Glas. Glattstreichen, ganz leicht mit Salz bestreuen und dann beschweren. Dafür eignen sich am besten Keramikgewichte aus einem Gärtopf oder ein kleiner Teller, der ins Gefäß passt, mit einem zusätzlichen Gewicht. Ein feiner Stoffbeutel mit gewaschenem Quarzkies tut es auch. Es sollten mindestens 1,5 kg sein – das ist wichtig, damit wirklich keine Luftblasen in der Paste bleiben. Für kleinere Gläser für je 1 l kann man online sehr leicht die passenden Beschwerungssteine finden, die eignen sich auch für Kimchi und Co. Dann die Menge am besten auf 3 Gläser aufteilen und jeweils mindestens 2 Gewichte auflegen. Falls Beutel, Teller oder Steine nicht gut zum Behälter passen, das Miso mit passend zugeschnittener Backfolie zudecken, damit keine größeren Flächen an der Luft sind, dann erst das Gewicht auflegen.

4 Den Behälter lose zudecken. Falls sich in den ersten Wochen viele Luftblasen im Miso bilden, etwas am Gefäß rütteln. Falls das nicht reicht, um die Bläschen aufsteigen zu lassen, schwerere Gewichte auflegen oder ab und zu umrühren, dabei aber möglichst wenig zusätzliche Luft einrühren. Die Glaswände vorsichtig reinigen und das Miso wieder schön festdrücken.

5 Bei Zimmertemperatur (nicht im direkten Sonnenlicht) mindestens 4 Monate reifen lassen – dann probieren. Wenn das Miso schon perfekt schmeckt, ganz oder teilweise entnehmen, in kleine Gläser umfüllen, im Kühlschrank lagern und in den folgenden Monaten verbrauchen. Wahrscheinlich schmeckt es nach 6 Monaten noch besser. Wenn Sie nur einen Teil vom Miso entnehmen, den Rest möglichst sauber glattstreichen, mit etwas Salz bestreuen, beschweren und noch ein paar Monate weiter reifen lassen.

Perfektes Pesto und Mozzarella-Kartoffeln

PESTO

2 Töpfe Basilikum (ca. 100 g netto)

50 g Pinienkerne

Salz

ca. 100 ml Olivenöl

1 EL Mandelmus

1 gehäufter EL helles Miso (Bioladen oder selbst gemacht, s. S. 12)

Pfeffer

AUSSERDEM FÜR 4 PERSONEN

400 g Kartoffeln (festkochend oder vorwiegend festkochend)

2 EL Olivenöl

1 Knoblauchzehe

Salz

2 EL Zitronensaft

2 kleine Burratas oder Mozzarellas (je ca. 125 g)

●○○

15 Minuten, 12 Minuten Garzeit

1 Basilikum abschneiden, dabei ruhig auch die Stiele mitverwenden, höchstens sehr dicke holzige Stiele entfernen. Eine kleine Handvoll schöner Blätter beiseitelegen. Pinienkerne in einer Pfanne ohne Fett hell rösten, oft umrühren.

2 Basilikum mit 30 g von den Pinienkernen, einer kräftigen Prise Salz und dem Olivenöl so fein wie möglich mixen – die Ölmenge soll ungefähr dem Gewicht der Basilikumblätter entsprechen. Mandelmus und Miso zugeben, noch feiner mixen, abschmecken.

3 Kartoffeln so sauber waschen, dass man die Schale später mitessen kann. Abtrocknen, in dünne Scheiben schneiden und mit Olivenöl, 100 ml Wasser und der gequetschten Knoblauchzehe in einen Topf geben, leicht salzen und etwa 12 Minuten bissfest dünsten. Zitronensaft zugeben, nochmal aufkochen.

4 Kartoffeln und Burrata oder Mozzarella mit dem Pesto anrichten, großzügig mit restlichen Pinienkernen und Basilikum bestreuen.

Tipp

Dies ist vermutlich die feinste Version eines Basilikum-Pestos, ohne Parmesan und Knoblauch kommt die Verbindung von Nussaroma und Basilikumduft besonders gut zur Geltung. Die Paste wird sehr viel cremiger als gewohnt, ein kleiner Blender hilft dabei.

Furikake

Zart, subtil und superelegant – das sind meine Assoziationen zu japanischer Küche. Doch manche Gewürzmischungen aus Japan haben auch ordentlich Wums. Ein schönes Beispiel ist der 7-Gewürz-Pfeffer mit dem klangvollen Namen Shichimi tōgarashi, ein anderes das Reisgewürz Furikake. Das schmeckt zwar wenig scharf, dafür aber umso aromatischer. Ich persönlich mag es besonders als Veggie-Booster, aber wenn man einmal angefangen hat, Furikake zu verwenden, stellt sich schnell heraus, dass diese raffinierten Algen-Miso-Sesam-Karamell-Brösel auch bestens zu Reisnudeln, Sobanudeln, Grillspießchen, Fisch, Carpaccio, Eiern und sehr vielen anderen Gerichten passen.

Fertige Mischungen gibt es online oder im Asienladen, nur sind die oft mit unerfreulich viel Chemie hergestellt. Dabei ist es ganz einfach, Furikake selber zu machen. Viele Rezepte für Furikake enthalten Katsuobushi – getrocknete Bonitoflocken – oder getrocknete Garnelen. Früher war dieser Fischanteil wichtig: Gemahlene Fischgräten sollten schlecht ernährte japanische Soldaten im Ersten Weltkrieg mit Kalzium und Eiweiß versorgen. Damit das Pulver nicht so tranig schmeckte, mischte man schon damals Sesam, Mohn und Algen unter das Fischmehl. Ein Jahrhundert später trockne ich für mein Furikake lieber eine Mischung aus Misopaste und koreanischer Chilipaste – die Bonitos dürfen weiter im Meer schwimmen. So schmeckt das Gewürz zwar ein wenig anders, aber sehr gut. Und etwas Eiweiß und Kalzium aus der Misopaste sind auch mit dabei.

„Furu" heißt laut Wikipedia übrigens streuen und „kakeru" bedecken, der Name Furikake ist also gleichzeitig die Gebrauchsanleitung: nicht mitkochen, sondern drüberstreuen und das bitte großzügig, zum Beispiel über Sobanudeln oder, wie in unserem Fall, einen Reisnudelsalat.

FÜR CA. 150 G

100 g helle Shiro-Misopaste (Bioladen oder selbst gemacht, s. S. 12)

50 g Gochujang (koreanische Chilipaste)

1 Noriblatt

2 EL Kombu-Algenbrösel

1 Knoblauchzehe

50 g geschälte Sesamsamen

1 EL Sojasauce

1 EL Ahornsirup oder Mirin

½ TL gemörserter (Cumeo-)Pfeffer

● ○ ○

30 Minuten und 1 Stunde im Ofen

1 Miso und Chilipaste möglichst gleichmäßig knapp 2 mm dick auf ein mit Backpapier ausgelegtes Backblech ausstreichen. In den Backofen schieben, auf 100 Grad Umluft stellen. 60 Minuten trocknen lassen und dabei leicht rösten, nach 40 Minuten einmal wenden. Wenn man die Paste jetzt biegt, sollte sie brechen – sonst lieber noch länger trocknen. Abkühlen lassen und im Blitzhacker oder in einem hohen Gefäß mit einem Pürierstab grob pulverisieren.

2 In der Zwischenzeit zuerst das Noriblatt, dann die Kombubrösel nacheinander in einer heißen Pfanne kurz anrösten, dann das Noriblatt mit einer Schere in immer kleinere Stücke schneiden, die Stücke dabei immer wieder übereinanderstapeln, sodass es etwas schneller geht. Zuletzt mit dem Kombu noch weiter zerbröseln.

3 Knoblauchzehe mit Schale leicht quetschen, zum Beispiel mit der Breitseite eines großen Messers. Mit Sesam, Sojasauce und Ahornsirup in der Pfanne mischen und bei mittlerer Hitze rösten, bis die Sesamsamen karamellisiert sind, das dauert etwa 4 Minuten, dabei oft rühren. Auf einem Teller abkühlen lassen, Knoblauchzehe entfernen. Sesamkrokant noch etwas zerkrümeln und dann mit Algen, Cumeo-Pfeffer und 3 EL Miso-Chilipulver mischen. Das restliche Pulver eignet sich als eigenständiges Gewürz: Überall da wo man etwas Salz braucht, wirkt es wie ein zusätzlicher natürlicher Geschmacksverstärker.

FURIKAKE

REISNUDELSALAT MIT FURIKAKE

Reisnudelsalat mit Furikake

FÜR 4 PERSONEN

500 g spaghettiförmige Reisnudeln (Bun)

2 Romana-Salatherzen

100 g Sojasprossen

1 Gurke

2 Bund gemischte Kräuter aus dem Asialaden*

* Z.B. langblättriger Koriander, Perillakraut, Senfkraut, chinesischer Schnittlauch, alternativ: Koriander, Minze, Dill

DRESSING

125 ml Reisessig

6 EL vietnamesische Fischsauce

1 EL Muscovadozucker o.Ä.

1 Karotte

1 Stange Sellerie

Salz

Furikake-Mischung (S. 17)

● ○ ○

20 Minuten

1 Reisnudeln für 10 Minuten in lauwarmes Wasser legen, dann nach Packungsanweisung bissfest kochen. Abgießen, mit kaltem Wasser abschrecken und abtropfen lassen. Romana-Salatherzen und Sojasprossen waschen und trockenschleudern. Salatblätter in Streifen schneiden. Gurke schälen, längs vierteln, Kernhaus herausschneiden. Die Gurkenstreifen schräg in gleichmäßige Scheiben schneiden. Kräuter waschen, trockenschütteln, Blättchen abzupfen und hacken.

2 Für das Dressing Reisessig, Fischsauce und Zucker verrühren. Karotte schälen, Selleriestange putzen, beides erst in dünne Scheiben schneiden, dann hacken und in die Sauce rühren, mit Salz abschmecken. Reisnudeln mit Salat, Gemüse, Kräutern und Sauce mischen, anrichten und mit Furikake bestreuen. Wenn Sie den Salat vorbereiten, erst im letzten Moment mit dem Fischsauce-Reisessig-Dressing marinieren.

Uschis Dukkah

Dukkah gibt Crunch und gleichzeitig eine wunderbare erdig-nussige Würze. Hauptbestandteile sind immer Nüsse, manchmal geröstete Kichererbsen, außerdem Gewürze wie Koriander, Kreuzkümmel oder Nigella und noch ein paar andere. Meine Instagram-Freundin Uschi hat nicht nur eine perfekte Mischung an Zutaten gefunden, sie röstet jede Zutat einzeln. Das ist der Trick. So gibt es nämlich keine verbrannten Sesamsamen zwischen halbgerösteten Haselnüssen. Und wenn sie danach alles nacheinander im Mörser zerkleinert, dann entsteht dabei eine gleichmäßig lockere Mischung. Während im Blitzhacker oder wenn man alles auf einmal im Mörser zerreibt, weiche Zutaten zu Brei werden, bis die harten Zutaten zerkleinert sind.

FÜR 3-4 kleine Geschenk-Gläser
150 g Haselnüsse
2 TL Fenchelsamen
2 EL Kreuzkümmelsamen
4 EL Sonnenblumensamen
2 EL schwarze Pfefferkörner
7 EL Koriandersamen
5 EL Sesamsamen
1 TL Nigellasamen
1 TL Anissamen
ca. 2 TL getrocknete Chiliflocken (oder Chilis, je nach Geschmack)
1 TL Paprika edelsüß
2 TL getrockneter Thymian
3 TL Meersalz-Flocken oder Fleur de Sel

1 Stunde

1 Zuerst die Haselnüsse 10–15 Minuten rösten, bis sie duften und die Haut sich löst. Das geht entweder bei mittlerer Hitze in einer kleinen Pfanne unter ständigem Rühren oder im Ofen bei 200 Grad Umluft mit etwas seltenerem Wenden. Danach ein bisschen, aber nicht zu sehr, abkühlen lassen. Mit einem Küchentuch die Häute abrubbeln, soweit es geht.

2 Alle anderen Samen einzeln und nacheinander in einer kleinen Pfanne golden rösten, bis sie duften und beginnen zu knistern. Immer schön rühren. Die Chilis nur kurz rösten. Abkühlen lassen, dann alle Nüsse und Gewürze nacheinander und immer noch einzeln mörsern. Alle gemörserten Zutaten mit Paprika, Thymian und Salz mischen. In Schraubdeckelgläsern aufbewahren und in etwa 4 Wochen verbrauchen.

Reis mit Gemüse und Pfirsich- oder Aprikosenchutney

FÜR CA. 250 ML

3 große oder 4 kleine Pfirsiche oder Aprikosen (ca. 500 g)

2 Schalotten

1 Knoblauchzehe

2 cm Ingwerwurzel

1 Chilischote

1 Bio-Limette (für sehr süße, reife Früchte 1,5 Limetten)

3 EL Rohrohrzucker oder 60 ml Ahornsirup

1 TL Senfkörner

Salz

Kardamom

AUSSERDEM FÜR 4 PERSONEN:

400 g Vollkornreis

600 g Gemüse nach Wahl

2 EL erstklassiges Sesamöl

● ○ ○

10 Minuten und 40 Minuten für das Chutney sowie 30 Minuten für Reis und Gemüse

1 Pfirsiche waschen und halbieren, den Kern entfernen und die Hälften klein würfeln. Schalotten schälen und fein schneiden. Knoblauch und Ingwer schälen und mit der Chilischote fein hacken. Limette waschen, die Schale abreiben und den Saft auspressen.

2 Vorbereitete Zutaten mit Zucker oder Ahornsirup, Senfkörnern, einer kräftigen Prise Salz und einer Prise Kardamom in einem Topf mischen. 30 Minuten ziehen lassen, damit etwas Wasser aus den Früchten austreten kann. Mit Deckel bei mittlerer Hitze 10 Minuten kochen, dabei ab und zu rühren. Die Konsistenz soll am Ende marmeladenartig sein. Falls das Chutney noch zu flüssig ist, einige Minuten bei großer Hitze ohne Deckel einkochen. Heiß in kleinere Schraubdeckelgläser einfüllen – dann hält es sich sehr lange im Kühlschrank und monatelang im Keller (nicht so lange wie Marmelade, denn die enthält sehr viel mehr Zucker).

3 Reis nach Packungsanweisung in Wasser oder Brühe kochen. Gemüse waschen, putzen und dämpfen, dünsten, braten oder grillen. Reis und Gemüse anrichten, mit etwas Sesamöl beträufeln und mit dem Chutney servieren.

25 ML

Die Kimchi-Methode

Wir kennen Kimchi aus Korea meist nur in einer einzigen Variante, nämlich als fermentierten Chinakohl in einer ziemlich scharfen Würzpaste mit viel Knoblauch und Ingwer – eine Art überkrasses Sauerkraut. Schmeckt super, aber auch ein bisschen brachial. Doch vielleicht braucht es weder Kohl noch Riesenmengen Knoblauch, denn tatsächlich ist Kimchi mehr Methode als genaues Rezept: Das koreanisch-chinesische Schriftzeichen bedeutet einfach „gesalzenes Gemüse". Und die Kimchi-Methode als Konservierungsart war schon wichtig in Korea, lange bevor europäische Kolonialisten Chilisamen aus Südamerika nach Asien brachten (nach Korea kam Chili noch ein paar hundert Jahre später als auf den indischen Subkontinent, aber das ist eine andere Geschichte).

Die älteste schriftliche Erwähnung von Kimchi stammt jedenfalls aus einer 3000 Jahre alten Gedichtsammlung, darin steht: „An der Böschung des Feldes ist eine Gurke gewachsen. Wenn du sie aufschneidest und einlegst und deinen Vorfahren darbringst, dann werden deine Nachkommen lange leben und du wirst den Segen des Himmels erhalten."

Bisher habe ich meinen Vorfahren zwar weder Kimchi noch Sauerkraut geopfert, mit dem himmlischen Segen sieht es wahrscheinlich nicht so gut aus – aber supergesund sind milchsauer fermentierte Lebensmittel auf jeden Fall. Und zwar vor allem für alles, was irgendwie mit dem Stoffwechsel zu tun hat. Und wenn es wirklich so ist, dass die Zusammensetzung der Mikrobiome im Verdauungstrakt der Eltern (vor allem der Mütter) sich auch auf die Mikrobiome der Kinder auswirkt, dann sind Kimchi und Co. sehr wahrscheinlich auch über Generationen indirekt lebensverlängernd. Voraussetzung ist natürlich, dass die wertvollen Kulturen nicht durch Pasteurisation zerstört werden, zum Beispiel damit sich das Produkt im Supermarktregal nicht weiter verändert.

Auch der sogenannte Chinakohl wird erst seit etwa 300 Jahren in Korea angebaut. Dagegen war Fenchel wohl schon ein wichtiger Teil früher Kimchi-Rezepte und Meeresfrüchte wie getrocknete Garnelen oder frische Austern gehören auch heute noch zu vielen Zubereitungen. Es existieren Kimchis für jede Jahreszeit, manche reifen monatelang in riesigen Amphoren, während andere nur ganz kurz fermentieren. Die Möglichkeiten sind äußerst vielfältig – experimentieren Sie ruhig mit ihren Lieblingszutaten – der allergrößte Teil der Mischung sollte dabei aus Gemüse und Früchten bestehen, stark eiweißhaltige Lebensmittel eher wie ein Gewürz behandeln.

Was macht meine Mischung aus fermentiertem Fenchel, Kohlrabi und Pfirsich also zu einer Art Kimchi? Für mich ist es vor allem die Würzpaste: Anders als mitteleuropäische Sauergemüse wird Kimchi immer mehr oder weniger scharf – das hilft bei der Konservierung – und relativ komplex gewürzt. Außerdem kommt oft Reismehl mit in die Paste – die Kohlenhydrate aus dem Reis helfen dabei, die Fermentation in Schwung zu bringen.

Mein Eindruck als Koch ist, dass alle sehr lange milchsauer fermentierten Gemüse irgendwann ähnlich schmecken. Deshalb lasse ich lieber kleiner Mengen relativ kurz fermentieren und stelle sie in den Kühlschrank, sobald mir der Geschmack gefällt. Im Kühlschrank verändert sich dann nicht mehr viel, kürzlich habe ich ein Glas Karotten vom vergangenen Sommer gefunden: Sie waren immer noch völlig einwandfrei. Bei kurzen Fermentationszeiten gibt es übrigens auch fast nie Probleme mit „umgekippten" Mischungen. Außerdem braucht man kein klobiges Equipment, gewöhnliche Einmachgläser und vielleicht ein paar kleine Beschwerungssteine reichen völlig. Sie können auch mit kleinen, schweren Gegenständen aus dem Haushalt improvisieren, nur säurefest und ungiftig müssen sie sein – saubere Glaspropfen von alten Apothekengläsern oder größere Quarzkiesel eignen sich zum Beispiel sehr gut.

In dem Standardwerk zum Thema, „The Kimchee Cookbook" von Kim Man-Jo, Lee Kyou-Tae und Lee O-Young, steht eine Erklärung für meinen subjektiven Eindruck: Zu Beginn der Fermentation arbeiten sehr viele Mikroorganismen gleichzeitig, es entstehen vielfältige Aromen, nach einiger Zeit gewinnen jedoch Milchsäurebakterien die Oberhand und irgendwann schmeckt alles vor allem sauer. Also lieber nicht zu lange fermentieren und dafür ab und zu mal ein neues Glas ansetzen – vielleicht, wenn gerade einmal zu viele Reste im Gemüsefach herumlungern.

Kimchi mit Fenchel, Pfirsich und Kohlrabi

FÜR 3–4 EINMACHGLÄSER MIT INSGESAMT CA. 3 L

1 Kohlrabi mit Blättern (ca. 350 g)
2 Fenchelknollen (zusammen ca. 600 g)
3 unreife Pfirsiche, Nektarinen oder 1 unreife Mango (zusammen ca. 350 g)
200 g Karotten

ca. 30 g Meersalz ohne Zusätze (die geputzten Zutaten wiegen: Insgesamt braucht man knapp 2% Salz vom Gesamtgewicht)

GEWÜRZPASTE

2 EL Reismehl
2 Frühlingszwiebeln
1 (junge) Knoblauchzehe
20 g Ingwerwurzel
3 EL Bio-Misopaste
1 EL Honig o.Ä.
2 EL Chipotle- oder anderes Chilipulver
3 EL getrocknete Algenflocken, z.B. Dulse-Algenflocken oder Meeressalat

● ○ ○
45 Minuten und 2–3 Tage Ruhezeit

1 Kohlrabiblätter waschen, den Kohlrabi schälen und entweder in hauchdünne Scheiben schneiden oder grob raspeln. Fenchel waschen und längs in hauchdünne Scheiben schneiden. Pfirsiche waschen und in dünnen Scheiben vom Stein schneiden. Karotten waschen, raspeln oder in feine Streifen schneiden. Alles zusammen mit 15 g Salz mischen, leicht kneten und stehen lassen.

→

2 200 ml Wasser aufkochen, Reismehl mit 3 EL kaltem Wasser verrühren, dann ins kochende Wasser einrühren, 2–3 Minuten schwach kochen, vom Herd nehmen, abkühlen lassen. Frühlingszwiebeln putzen, dabei Wurzeln und welke Blätter entfernen, die Zwiebeln fein schneiden. Knoblauch und Ingwer schälen und hacken. Alles unter die abgekühlte Reiscreme mischen, Miso, Honig, Chipotle-Chiliflocken und Algen ebenfalls unterrühren.

3 Gemüse und Gewürzpaste getrennt abwiegen. Die Gesamtmenge durch 100 teilen, mal 2 nehmen und 15 abziehen – das Ergebnis an Salz abwiegen (wahrscheinlich ist der Wert etwa 15 g), unter die Gewürzpaste mischen. So hat später die gesamte Menge einen Salzgehalt von knapp über 2 % (Miso und ggf. Fischsauce geben noch etwas Salz dazu).

4 Gemüse und Würzpaste abwechselnd in Gläser schichten, jeweils mit ein paar Kohlrabiblättern abschließen und mit säurefesten Gewichten beschweren. Bei frühlingshafter Zimmertemperatur 2–3 Tage stehen lassen, bis alles deutlich sichtbar Bläschen bildet und angenehm würzig-frisch-säuerlich schmeckt, dann in den Kühlschrank stellen und nach und nach verbrauchen.

Tipp

Gemüse nach Wahl verwenden. Sehr trockene Gemüsesorten, beispielsweise Rotkohl, brauchen manchmal etwas mehr Flüssigkeit, damit alles schön bedeckt bleibt. Falls nötig, einfach etwas zweiprozentige Salzlake zugeben, also für jeweils 100 g Wasser 2 g Salz nehmen. Kann man aufkochen und abkühlen, dann löst sich das Salz schneller im Wasser.

Die Gemüse-Mischung mit etwas erstklassiger Fischsauce abschmecken, evtl. ein paar getrocknete Garnelen oder Jakobsmuscheln hacken und dazugeben.

Chipotle-Chilis sind eher mild, manche Chili-Pulver dagegen sehr scharf – also vorsichtig dosieren, wenn man ein anderes als Chipotle-Pulver verwendet.

KIMCHI MIT FENCHEL, PFIRSICH UND KOHLRABI

Wassermelonenschalen-Kimchi

Wassermelonen sind groß und schwer und bestehen nicht nur aus erfrischendem Fruchtfleisch, sondern auch aus Schalen, sogar ziemlich viel davon. Und die landen normalerweise auf dem Müll. Das ist schade. Eine simple Technik, um diese Schalen sinnvoll zu verwenden, wäre grandios – und könnte jedes Jahr Millionen Tonnen Lebensmittel vor dem Komposthaufen retten. In den amerikanischen Südstaaten gibt es zwar traditionelle Rezepte, für die Wassermelonenschalen mit viel Zucker, Essig und Gewürzen eingekocht werden – das kann ganz ordentlich schmecken, vor allem süß. Aber die Methode finde ich fragwürdig: Wenn ich geschmacksarme Lebensmittelreste mit geringem Nährwert durch einen großen Anteil von wertvollen Zutaten genießbar mache, dann ist das kein Upcycling gegen Foodwaste, sondern geschummelt. Radieschenblätter-Pesto mit viel Olivenöl und Parmesan schmeckt gut – aber Olivenöl und Parmesan schmecken auch ohne Radieschenblätter. Mit viel Zucker eingelegte Wassermelonenschalen konnten in den amerikanischen Südstaaten nur erfunden werden, weil Zucker durch Sklavenarbeit viel zu billig wurde.

Deshalb bin ich umso mehr begeistert von der Idee, Wassermelonenschalen zu fermentieren. So kitzeln wir nämlich Aromen aus den vermeintlich geschmacklosen Schalen, die aus der Wassermelone selber kommen und nicht aus Zucker oder Öl. Die Technik ist ganz einfach. Gewürze spielen eine Rolle im Rezept, aber eben als Gewürz, nicht als Hauptbestandteil. Die fermentierten Schalen würden auch ohne Ingwer und Chili knackig frisch schmecken. Das Rezept fürs Wassermelonenschalen-Kimchi stammt übrigens nicht von mir, sondern von Christine Krauss aka Chirpfood. Sie würzt damit einen Tomatensalat, mein erster Versuch war Mozzarella mit Wassermelonenschalen-Kimchi. Der zweite Ofenkartoffelspalten mit Kimchi, Rucola, Joghurt und ein paar Tropfen Olivenöl. Ein paar Streifen vom Kimchi würden auch Wassermelonensalat einen zusätzlichen Kick geben, wie den meisten Sommersalaten. Schmeckt sehr gut mit kurz gebratenen Zucchinistücken: einfach etwas Kimchi hacken und unter das fertige Gemüse rühren. Neulich bei Freund*innen standen ein paar frische Austern auf dem Tisch und ich hatte ein Glas Kimchi mitgebracht: Ein Streifen Wassermelonenschalen-Kimchi auf einer Auster ist eine sehr sensible Kombination. Und natürlich passt es auch zu allerlei Gegrilltem, es ist eine Bereicherung für jede Sommerküche.

FÜR 1 GLAS MIT CA. 400 ML

ca. 700 g Bio-Wassermelonenschale (siehe Tipps S. 31)

20 g Salz

2 Frühlingszwiebeln

20 g Ingwerwurzel

10 g Gochugaru (koreanische Chiliflocken, es gibt scharfe und milde Varianten, mir gefällt hier eine Mischung von beiden am besten)

20 g Gochujang (koreanische Chilipaste)

● ○ ○

20 Minuten und 10–16 Tage für die Fermentation

1 Den dunkelgrünen Teil der Melonenschale mit einem Messer dünn abschälen. 500 g gelbgrüne Melonenschale abwiegen, in etwa 5 mm dicke Streifen schneiden und mit 20 g Salz (4% vom Gewicht) in einem Glas mischen, mit einem Gewicht beschweren und 1–2 Tage stehen lassen. Dabei kann es sein, dass die Meloneschale evtl. schon beginnt zu fermentieren, kleine Bläschen werden sichtbar. Das ist ok, muss aber nicht sein.

2 Die Flüssigkeit abgießen, sodass 2–3 EL im Glas bleiben. Frühlingszwiebeln putzen und in Ringe schneiden, Ingwerwurzel schälen und in hauchdünne Scheiben schneiden. Beides mit Chiliflocken, Chilipaste und den Melonenstreifen mischen.

3 Das Kimchi sanft in ein Gefäß pressen und mit einem Gewicht beschweren, damit die Melonenstücke nach ein paar Stunden vollständig von Lake bedeckt sind. Das Gefäß mit einem Deckel verschließen – nicht ganz dicht, damit die Gase austreten können, die bei der Fermentation entstehen.

4 Bei Raumtemperatur je nach Temperatur 1–2 Wochen fermentieren lassen. Nach 1 Woche und dann falls nötig noch alle paar Tage ein Stückchen probieren: Sobald das Wassermelonenschalen-Kimchi gut und frisch-säuerlich schmeckt, ist es fertig. Die Entscheidung ist individuell, mit der Zeit wird das Kimchi immer intensiver und auch säuerlicher. In den Kühlschrank stellen, es hält dort mindestens 4 Wochen.

→

WASSERMELONENSCHALEN-KIMCHI S. 28

Tipps zum Fermentieren

Ein Hauch Rot darf an der Wassermelonenschale noch mit dran sein, das sieht gut aus und schmeckt auch gut. Bei mir hatte eine halbe Melone 2,2 kg, das gab 725 g Schale mit der dunkelgrünen Schale und 500 g netto ohne die dunkelgrüne Schale. Das gilt für eine kleine Sorte. Für die Schale von einer ganzen kleinen Melone – also 1 kg netto – alle Mengen einfach verdoppeln.

Ich habe auch schon mit Zutaten aus konventionellem Anbau fermentiert, aber da weiß man nie ganz genau, ob nicht irgendwelche Stoffe auf oder in den Zutaten sind, die die Fermentation behindern, gerade wenn es um Fruchtschalen geht, die ja normalerweise nicht gegessen werden. Hier sind Bio-Zutaten eindeutig die bessere Wahl (für unsere Umwelt ist der Anbau von Biozutaten immer die bessere Wahl).

Mir macht es Spaß, Kleinmengen zu fermentieren, das ist unkompliziert, das Ergebnis kann ich im Kühlschrank aufbewahren und so die Fermentation stoppen – und zwar genau dann, wenn das Ferment am besten schmeckt.

Statt eines Gärtopfs reicht ein Einmachglas, komplizierte Gärverschlüsse braucht es nicht, denn die Gärgase sorgen von selber für eine sauerstoffarme Atmosphäre im Glas. Ein locker zugedrehter Schraubverschluss reicht aus.

Wichtig sind Beschwerungssteine, solange alle Zutaten von Lake bedeckt sind, hat Schimmel keine Chance. Es gibt online kleine Beschwerungssteine aus Keramik für die Fermentation im Einmachglas, Gewichte aus Glas gibt es auch, aber die sind zu empfindlich. Für erste Versuche reicht auch ein beliebiges Gewicht – es darf nur nicht säureempfindlich sein. Hier ein paar Möglichkeiten: ein zweites etwas kleineres Glas, mit Wasser gefüllt. Passende Steine – aber keine Flusskiesel, die Kalk enthalten, der löst sich in der säuerlichen Lake auf. Granit geht gut, aber auch viele andere Steine sind geeignet, ich habe zum Beispiel ein Stück Schlangenhaut-Achat, das passt genau in ein sehr kleines Einmachglas. In manchen Antipastigläsern sind kleine Plastik-Gitter, mit denen man das Fermentationsgut unter Wasser halten kann. Ein wassergefüllter Gefrierbeutel geht auch – ist aber ebenfalls aus Plastik.

Gewürze: Es müssen nicht unbedingt koreanische Chiliflocken sein, nehmen Sie eine Sorte, deren Schärfegrad Sie gut einschätzen können. Etwas mildere Sorten mit mehr Aroma sind grundsätzlich gut geeignet, Piment d'Espelette zum Beispiel oder Chipotle-Chiliflocken. Die Chilipaste kann man durch Misopaste ersetzen und etwas mehr Chiliflocken – das habe ich aber noch nicht ausprobiert (die koreanische Gochujang-Chilipaste hat Misocharakter und ist nicht superscharf und damit sehr universell einsetzbar, ich habe seit Jahren immer etwas davon im Kühlschrank).

Vorspeisen

Wie entstehen gute Kochrezepte? Das wird im folgenden Kapitel an schönen Beispielen erzählt. Dazu kommen viele Tipps und Tricks für ein noch besseres Hummus, Pickles, die ruckzuck fertig werden, unerwartete Kombinationen mit Tomate oder die beste – und einfachste – Methode, Muscheln zu kochen. Und jede Menge marinierte Gemüse mit ganz speziellen Saucen und Dips.

Basilikum-Zitronen-Salat

Salate und Sandwiches entwickeln sich bei mir meist danach, was ich in der Küche oder im Garten Schönes finde. Einen Plan gibt es selten, viel wichtiger ist eine gute Salatsauce oder ein gutes Sandwichbrot. Trotzdem haben sich in beiden Bereichen klassische Rezepte entwickelt. Denn manchmal findet sich eine Kombination von Zutaten, die einfach besser zusammenpassen als andere. Und manchmal kann so ein neuer Klassiker entstehen.

Kürzlich hatte ich einen kleinen, unglaublich frischen Fisch. Wie für ein peruanisches Ceviche wollte ich die Filets roh marinieren, aber mit mehr Gemüse. Damit der Zitronensaft in der Sauce den Fisch nicht zu schnell verändert, hackte ich die Zitrone statt sie auszupressen. Das gibt im Mund saure Zitronen-Aroma-Explosionen, der Effekt ähnelt dem der Salzkörner auf einer Breze. Nur eben fruchtig statt salzig. Die restlichen Zutaten erinnerten mich an griechisch-türkisch-bulgarische Sommersalate, deshalb schnitt ich alles ziemlich klein. Die Zwiebeln wurden kurz gedünstet, weil meine Tochter keine rohen Zwiebeln mag. Um den Geschmack nicht zu verdünnen, fügte ich statt grünem Salat Basilikum hinzu. Der Salat war so sommerlich erfrischend, dass ich ihn immer wieder zubereite – jetzt nach Rezept. Nur den Fisch lasse ich weg. Der war am Ende überflüssig in dieser Mischung aus konzentrierten Sommeraromen.

FÜR 4 PERSONEN (ODER CROSTINI FÜR 8)

2 große Zwiebeln, zum Beispiel violette Tropeazwiebeln

Salz

1 große, saftige Bio-Zitrone

½ Fenchelknolle

1 Gurke

500 g Tomaten, am besten Flaschentomaten (mit wenig Glibber)

Pfeffer

200 g Schafs- oder Ziegenfeta

1 Topf Basilikum

4 EL Olivenöl

200 g rustikales Weißbrot

● ○ ○

20 Minuten

1 Zwiebeln schälen und in 5 mm dicke Scheiben schneiden. In einem kleinen Topf mit einem Schuss Wasser und einer Prise Salz 3–4 Minuten zugedeckt dünsten, sodass die Zwiebeln ihre rohe Schärfe verlieren, aber schön knackig bleiben. Falls Flüssigkeit übrig sein sollte: abgießen.

2 Die Zitronenschale mit einem Messer hauchdünn abschälen und fein hacken oder in feine Streifen schneiden. Dann den weißen Teil der Schale abschälen, das Fruchtfleisch um die flaumige Mitte herum in Scheiben abschneiden und klein würfeln.

3 Fenchel quer halbieren, dann fünf oder sechsmal von der Strunkseite aus zur Spitze hin einschneiden, sodass der Strunk noch die Knolle zusammenhält. Quer in hauchdünne Scheibchen schneiden. Gurke schälen, längs zuerst in Scheiben schneiden, anschließend in Streifen mit quadratischem Querschnitt. Die Streifen mit dem Kernhaus entfernen. Den Rest würfeln. Tomaten waschen und längs vierteln, quer in Stücke schneiden.

4 Alles mischen, dabei salzen und pfeffern. Feta über den Salat bröseln und Basilikumblätter darüberzupfen. Olivenöl zugeben, vorsichtig mischen. Brot rösten. Entweder als Crostini anrichten oder zum Salat servieren.

BASILIKUM-ZITRONEN-SALAT S. 34

VITELLO MAKRELO S. 38

Vitello Makrelo

Tunfisch ist ein wunderbarer Fisch – nur leider so bedroht, dass wir ihn vollständig von unserer Speisekarte streichen müssen. Ein Jammer. Doch manche Gerichte, wie das ebenfalls wunderbare italienische „Vitello Tonnato“, Kalbfleisch mit Tunfischsauce, schmecken in einer neuen Variante sogar noch besser. Meine Makrelensauce passt auch zu gebratenen Kalbsschnitzelchen. Wer es ganz eilig hat, verwendet eine fertige Brühe und serviert die Sauce zu Roastbeefscheiben vom Metzger oder als Dip zu Crudités.

FÜR 4–6 PERSONEN

1 Zwiebel
1 Knoblauchzehe
2 Lorbeerblätter
1 Rosmarinzweig
1 Bio-Zitrone
Salz
Pfeffer
600 g Kalbshüfte oder Kalbstafelspitz
100 g Makrelenfilet*
je 3 EL Mayonnaise** und 3 EL Crème fraîche oder nur Mayonnaise
4 Stangen Staudensellerie (mit Blättern)
1 Handvoll Pflücksalat
1 EL Kapern (Salzkapern ein paar Minuten wässern oder Kapern in Lake nehmen)
4 EL Olivenöl
Weißbrot

* Makrele ohne Haut und Gräten und ohne die dunklen Teile (evtl. den Rest von einem ganzen Fisch einfrieren)

** Mayonnaise selber machen: 1 zimmerwarmes Eigelb oder 1 EL Miso (dann wird die Mayonnaise nicht ganz so fest wie bei der Verwendung von Eigelb, ist aber für Saucen wunderbar) mit 1 TL Senf, 1 EL Zitronensaft, Salz und Pfeffer in einen Mixbecher geben. Mit einem Schneebesen oder Handrührgerät mixen, dabei nach und nach 200 ml Öl einlaufen lassen. Wird die Mayonnaise zu fest, mit 1 EL lauwarmem Wasser verdünnen. Der große Vorteil selbst gerührter Mayonnaise ist die Freiheit in der Zusammenstellung der Öle. Für meine Makrelo-Variante eignet sich beispielsweise eine Mischung aus 2 Teilen kalt gepresstem Rapsöl und 1 Teil Olivenöl sehr gut.

●○○
25 Minuten
plus 35 Minuten Garzeit

1 Zwiebel und Knoblauchzehe mit Schale halbieren, mit Lorbeer, Rosmarin und 1 Liter Wasser aufkochen. Die beiden Endstücken der Zitrone mit etwas Fruchtfleisch abschneiden, ebenfalls in die Flüssigkeit geben, mit Salz und grob geschrotetem Pfeffer kräftig würzen. Kalbfleisch in die Flüssigkeit legen, bei schwächster Hitze 35 Minuten knapp unter dem Siedepunkt garen. Topf vom Herd nehmen und abkühlen lassen.

2 Makrelenfilet mit 75 ml von der Flüssigkeit aufkochen, vom Herd nehmen, 5 Minuten ziehen lassen, dann abkühlen lassen. Makrelenfilet mit der Flüssigkeit fein pürieren, mit Mayonnaise und Crème fraîche verrühren. Selleriestangen waschen, die Blättchen abzupfen, hacken und unter die Sauce rühren. Mit wenig Zitronensaft, Salz und Pfeffer abschmecken. Selleriestangen in dünne Scheiben schneiden. Salat waschen, putzen und in mundgerechte Stücke zupfen.

3 Kalbfleisch mit einem langen scharfen Messer oder mit einer Aufschnittmaschine in hauchdünne Scheiben schneiden. Kapern abtropfen, mit Küchenpapier trockentupfen und mit 2 EL Olivenöl knusprig braten. Sellerie und Salat mit Salz, Pfeffer, 2 TL Zitronensaft und 2 EL Olivenöl anmachen, mit Kalbfleisch, Makrelencreme und Salat anrichten. Mit knusprigen Kapern bestreuen und mit Weißbrot servieren.

Passt auch zu Veggies

300 g große Pilze, zum Beispiel Steinpilze oder Kräuterseitlinge, in 5 mm dicke Scheiben schneiden und braten oder grillen. Noch heiß mit Makrelo-Sauce, Sellerie, Salatblättchen – Rucola ist auch schön – und Kapern anrichten.

Melonen-Pancetta-Rucola-Salat

Der Tastsinn hilft hier nicht weiter, nur am Duft erkennen Sie den Reifegrad einer Zuckermelone: Solange die geschlossene Frucht an der dem Stielansatz gegenüberliegenden Stelle gar nicht duftet, wird sie unreif und fade schmecken. Wenn sie schon stark durch die Schale riecht, kippt der Geschmack des Fruchtfleisches in Richtung Aceton. Aber wenn die Melone zart duftet, dann ist sie genau richtig. Greifen Sie zu und essen Sie die edle Frucht bald auf. Der Kühlschrank tut ihr nämlich nicht gut und außerhalb reift sie zügig dem Kompost entgegen.

Die Samen der Melone werfen wir meistens weg, dabei enthält das Gewebe um die Samen herum ein paar Löffel edelsten Melonensaft. Eine Prise Salz (oder Zucker) hilft dabei, die Zellen zu sprengen, um diesen Saft zu befreien. So können Sie eine feine Sauce daraus rühren. Zum Beispiel mit dem lauwarmen Fett von gebratenem Pancetta-Speck. In dieser Vinaigrette verbinden sich nämlich die klassischen Aromen von luftgetrocknetem „Prosciutto e Melone" noch viel schöner, als wenn man einfach nur kalten Schinken auf Melonenspalten legt. Pancetta, die ebenfalls luftgetrocknete Speck-Variante aus Italien, erinnert im Aroma an Parma- und ähnliche Schinken, lässt sich aber sehr knusprig braten. Dadurch bekommt die Vorspeise auch noch eine zusätzliche Konsistenz – schmeckt hervorragend und ist ganz schnell gemacht.

FÜR 4 PERSONEN

1 Netzmelone
Salz
1 große Handvoll Rucola
4 EL gemischte Nüsse und Saaten*
2 EL Öl
80 g hauchdünn geschnittener Pancetta-Speck
Pfeffer
evtl. Weißweinessig

* Was gerade im Schrank steht, z.B. Mohn, Sonnenblumenkerne, Chiasamen, Sesam, Pinienkerne, Pistazienkerne, Leinsamen …

● ○ ○
25 Minuten

1 Melone halbieren, mit einem Löffel die Kerne herauskratzen und auf ein Sieb über einer kleinen Schüssel geben. Die Kerne leicht salzen, gut verrühren und abtropfen lassen.

2 Die Melone in Spalten schneiden, die Spalten schälen, das Fruchtfleisch quer in Scheiben schneiden. Rucola waschen, dabei dicke, zähe Stiele entfernen. Rucola schleudern und dann ein paar Mal durchschneiden (kleinen Rucola kann man auch ganz lassen).

3 Saatenmischung in einer Pfanne ohne Fett rösten, bis alles schön duftet, oft umrühren. In eine Schüssel umfüllen, die Pfanne mit Küchenpapier auswischen, mit dem Öl und Pancetta wieder auf den Herd stellen. Den Pancetta-Speck bei mittlerer Hitze schön knusprig und goldbraun braten, immer wieder wenden, damit alles gleichmäßig bräunt – dabei hilft eine Küchenpinzette (oder zwei Gabeln). Pancetta aus der Pfanne heben und auf Küchenpapier abtropfen. Die Pfanne vom Herd nehmen, Pancetta ein paar Minuten abkühlen lassen.

4 Melonenkerne mit einem Löffel im Sieb drücken, um möglichst viel Flüssigkeit auszupressen. Melonensaft mit Salz und Pfeffer würzen, evtl. einen kleinen Spritzer Weißweinessig zugeben. Das Speckfett mit dem Melonensaft verrühren. Melone und Rucola damit marinieren, mit knusprigem Pancetta und gerösteten Saaten bestreuen.

Veggie-Variante

Statt Speck und Öl 100 ml Olivenöl in die Pfanne geben. 1 Petersilienwurzel gründlich schrubben und abtrocknen, dann längs halbieren und mit einem Schäler in dünne Streifen schneiden. Im Olivenöl knusprig hellgolden ausbacken, dabei in Bewegung halten, damit alles schön gleichmäßig bräunt. Aus der Pfanne heben, abtropfen und das Aromaöl wie beschrieben weiter verwenden. Etwas aufwändiger, aber wunderbar: mit Artischockenchips servieren. Dafür die Artischocke wie auf S. 152 beschrieben vorbereiten, in hauchdünne Scheiben schneiden und dann im Öl ausbacken.

MELONEN-PANCETTA-RUCOLA-SALAT S. 40

VOLLKORNREISSALAT MIT UME-SU-SESAM-SOJA-DRESSING S. 44

Vollkornreissalat mit Ume-Su-Sesam-Soja-Dressing

Dosenerbsen haben mich in die Berufsausbildung zum Koch getrieben: Im Haushalt meiner Eltern gehörten sie zum Repertoire – trotz riesigem Gemüsegarten. Schon damals brachte ich sie kaum runter. Deshalb wollte ich als Jugendlicher irgendwann selber bestimmen, was in den Kochtopf kommt. Aus demselben Grund kann ich auch mit den Partyklassikern Reis- oder Nudelsalat wenig anfangen, es liegt nicht an der Mayonnaise, sondern an den kleinen, grünen Teufelchen, die sich darin verstecken. TK-Erbsen sind übrigens ok und frische Erbsen verehre ich. Ein paar davon würden sich sogar in meinem Reissalat gut machen.

Das Rezept entspringt allerdings vor allem meiner Liebe zu Vollkornreis: Der schmeckt so viel aromatischer als weiße, polierte Reissorten, dass mir die Vollkornvariante eines Reisgerichtes oft viel besser schmeckt als die mit weißem Reis. Es sei denn, für die Perfektion des Rezeptes geht es darum, Stärke aus dem Reiskorn zu nutzen, so wie im Risotto. Dessen Crema bildet sich nicht mit Vollkornreis, weil der kaum Stärke an die Kochflüssigkeit abgibt. Für Reissalat hingegen gibt es nichts Besseres, der Salat soll schön locker bleiben. Gut also, wenn nicht schon die Reiskörner untereinander verkleben. Ein cremiges Caesar-Dressing würde gut dazu passen oder eine klare Sauce mit einer ziemlich milden Säure.

Dafür nehme ich Ume Su, das ist die Gärflüssigkeit, die entsteht, wenn man Umeboshi fermentiert. Ume sind japanische, den Aprikosen verwandte Früchte. Sie werden halbreif geerntet, in Salzlake vergoren und später mit violetten Shiso-Blättern nachgereift. Das habe ich zwar noch nie selber probiert, Ume Su gibt es aber auch fertig im Bioladen. Umeboshi schmecken salzig-säuerlich, in kleinen Mengen sind sie sehr gesund, basisch und wirken antibakteriell. In Japan ist es nicht der tägliche Apfel, sondern eher die tägliche Umeboshi, die den Doktor fernhalten soll. Oft wird eine Umeboshi mit etwas Reis gegessen. Ume Su entsteht nicht wie ein Essig, sondern bei der Milchsäurefermentation, die Säure ist angenehm mild. Auch anders als Essig enthält Ume Su etwa 25% Salz. Das ist viel – wenn Sie Salate oder Dips mit Ume Su würzen, braucht es oft kein zusätzliches Salz. Ein Fläschchen Ume Su habe ich fast immer in der Küche.

FÜR 4 PERSONEN

200 g Vollkorn-Rundkornreis
Salz
6 EL Ume Su
4 EL Tamari-Sojasauce
75 g weißer Sesam
Chiliflocken, z.B. Piment d'Espelette oder eine andere nicht übertrieben scharfe Chilisorte
400 g Blattspinat (frisch gekocht* oder TK)
1 Knoblauchzehe
2 EL Sesamöl
1 säuerlich-aromatischer Apfel
½ Gurke

* Frisch sollte es etwas mehr sein, bei diesem Rezept kommt es aber nicht so auf die genaue Spinatmenge an.

● ○ ○

25 Minuten und etwa 45 Minuten Garzeit für den Reis

1 Reis in einem Sieb gründlich waschen (dabei kann er schon etwas quellen, das ist der Hauptgrund fürs Waschen), dann nach Packungsanweisung in leicht gesalzenem Wasser garen.

2 Ume Su und Sojasauce verrühren. Sesam in einer Pfanne ohne Fett hellgolden rösten, dabei oft umrühren. Etwa 1 TL Chiliflocken – oder mehr oder weniger, je nach Schärfegrad – unter den heißen Sesam rühren, aber nicht mehr weiterrösten.

3 Blattspinat falls nötig auftauen, dann ausdrücken, frisch gekochten Spinat ebenfalls ausdrücken. Einige Male durchschneiden. Die Knoblauchzehe leicht quetschen und mit Spinat und Sesamöl in einer Pfanne erhitzen, leicht salzen.

4 Apfel waschen, vierteln, das Kernhaus entfernen und das Fruchtfleisch quer in dünne Scheiben schneiden. Die Gurke waschen, schälen, längs vierteln und das Kernhaus herausschneiden. Das Fruchtfleisch wie beim Apfel quer in dünne Scheiben schneiden.

5 Heißen Reis mit Ume-Sauce, Spinat, Sesam, Apfel und Gurke mischen, nicht durchziehen lassen, sondern gleich servieren.

Hummus

FÜR 6–8 PERSONEN

250 g Kichererbsen
½ TL Backpulver oder Natron
¼ Bund Petersilie
1 kleine Knoblauchzehe
Salz
125 g helle Tahinipaste*
2 Zitronen für ca. 100 ml Zitronensaft
Kreuzkümmel

* Oft ist die Tahinipaste im Glas recht fest – sie sollte aber mindestens zähflüssig sein. Mit etwas neutralem Öl oder mildem Sesamöl kann man sie gut verdünnen.

● ○ ○

20 Minuten und 90 Minuten Garzeit sowie etwa 12 Stunden zum Quellen der Kichererbsen

1 Kichererbsen über Nacht in reichlich Wasser einweichen. Kichererbsen abgießen und mit 1,5 l frischem Wasser und dem Backpulver aufkochen. Ab und zu abschäumen und auf kleiner Flamme etwa 1,5 Stunden kochen lassen, bis die Kichererbsen ganz weich sind und das Wasser fast vollständig verkocht ist. Auf Zimmertemperatur abkühlen lassen.

2 Petersilie zupfen und grob hacken, die Knoblauchzehe schälen, mit einer kräftigen Prise Salz in einen großen Mörser geben und fein zerreiben. Kichererbsen zugeben und cremig zerstoßen, dabei vorsichtig nach und nach Tahinipaste und Zitronensaft zugeben, sodass eine sehr feine Creme entsteht. (Statt in einem Mörser kann man den Hummus natürlich auch in einer Küchenmaschine zubereiten.) Die Creme mit Salz und Kreuzkümmel würzen, die Konsistenz mit etwas Kichererbsenkochwasser oder Wasser regulieren – meist benötigt man ungefähr 5 EL für eine lockere, feine Creme. Fertigen Hummus in flachen Schalen servieren und mit etwas Olivenöl beträufeln.

Tipp

Dazu passt Salat aus Gurken- und Tomatenwürfeln, Minze, Salatstreifen und etwas Zwiebel. Außerdem blättrig zerpflückte milde Zwiebelviertel, mittelscharfe, große, grüne, längs halbierte und entkernte Chilischoten, Salzgurkenscheiben, frische Chilisauce und Fladenbrot oder, für die erweiterte Hummus-Garnitur, Falafeln (S. 126).

Tomatenbrot mit Brombeeren und Ricottacreme

Der Garten stand voller bunter Tomaten und ich stolperte über eine Anregung: Der Pariser Spitzenkoch Alain Passard hatte das Foto eines Tomatencarpaccios mit schwarzen Johannisbeeren gepostet. Wenn schwarze Johannisbeeren vollreif sind, dann ist das eine tolle Kombination. Länger dauert die Saison für Brombeeren – ähnliche Aromen, ebenfalls wunderbar mit Tomaten.

FÜR 4 PERSONEN (4 BROTE)

1 reife, rote Tomate
250 g reife, bunte Cocktailtomaten
3 EL reife Brombeeren oder schwarze Johannisbeeren
1 Prise Fenchelsamen oder ½ TL frische Fenchelsamen
150 g Ricotta, Ziegenrolle oder Frischkäse
3 EL Olivenöl plus Olivenöl für die Tomaten
4 große Scheiben helles, rustikales Landbrot
Salz
Pfeffer

10 Minuten

1 Tomaten waschen, die große Tomate halbieren, kleine Tomaten ebenfalls halbieren. Beeren nur waschen, wenn es wirklich nötig ist. Fenchelsamen hacken.

2 Ricotta oder Ziegenkäse mit Olivenöl in einen hohen Mixbecher geben und mit dem Pürierstab fein pürieren. Dabei so viel Wasser zugeben, dass eine sehr glatte Creme entsteht: für Ricotta oder Frischkäse 2–3 EL, für Ziegenrolle eher 6–8 EL Wasser.

3 Das Brot im Toaster, auf dem Grill oder im Ofen goldbraun rösten. Mit der halbierten großen Tomate abreiben – wie für spanisches „Pa amb tomàquet". Mit Käsecreme bestreichen, Tomaten und Beeren auf den Broten verteilen, mit Salz, Pfeffer und Fenchelsamen würzen und mit etwas Olivenöl beträufeln.

Waldorf-meets-Coleslaw-Sandwich

Für den klassischen bayerischen Krautsalat reicht fein gehobeltes oder geschnittenes Kraut, Salz, evtl. Kümmel, Essig und ein Schuss Öl. Ich finde diese Variante sehr belebend. Um daraus eine eigene kleine Mahlzeit zu machen, fehlt mir die Fülle, also Umami. Das steckt aber zum Beispiel in glasierten Pilzen und einer cremigen Sauce mit Miso. Bunte Farben und Aromen nehme ich aus der erprobten Waldorfsalat-Coleslaw-Welt: Apfel, Sellerie, Walnusskerne, Karotten und Mayonnaise.

FÜR 4 SANDWICHES

4 mittelgroße oder größere Kräuterseitlinge

1 kleine Schalotte oder 1 Lauchzwiebel

2 EL Sojasauce

1 EL Ahornsirup

4 EL Öl

1 EL Butter o.Ä.

KRAUTSALAT

150 g Rotkohl

150 g Spitzkohl

1 Karotte

100 g Knollensellerie (optional)

1 EL Essig

Salz

Pfeffer

2 EL Öl

SAUCE

150 g Mayonnaise*

3–4 EL helle Misopaste (Bioladen oder selbst gemacht, s. S. 12)

1 TL nicht zu scharfe Chiliflocken

* Wer will, kann einen Teil der Mayonnaise durch Joghurt ersetzen.

AUSSERDEM

1 kleine Handvoll Rucola

1 grüner Apfel

2 EL Walnusskerne oder Pekannüsse

8 kleine oder 4 große Scheiben Weißbrot

20 Minuten

1 Zuerst den Krautsalat vorbereiten: Rotkohl, Spitzkohl, Karotte und Sellerie in hauchdünne Streifen schneiden. Wenn der Sellerie wirklich sauber geschrubbt ist, muss man die Knolle nicht schälen, Karotten sowieso nicht. Alles mit Essig, Salz und Pfeffer würzen, sanft kneten, das Öl zugeben und ziehen lassen, bis der Rest fertig ist.

2 Für die Sauce Mayonnaise, Miso und Chiliflocken verrühren.

3 Rucola putzen, zupfen, dicke Stiele entfernen, Blätter waschen, schleudern und ein paarmal durchschneiden. Apfel in hauchdünne Scheiben schneiden. Nüsse sehr grob hacken.

4 Pilze längs in dicke Scheiben schneiden, eine Seite jeweils kreuzweise einritzen. Schalotte oder Lauchzwiebel fein schneiden und mit Sojasauce, 2 EL Wasser und dem Ahornsirup mischen. Die Pilze mit dem Öl bei großer Hitze von beiden Seiten goldbraun braten. Die Pfanne vom Herd nehmen, Butter in Flöckchen zugeben, die Marinade zugeben. Die Pilze darin wenden und mit der eingeritzten Seite nach unten kurz liegen lassen.

5 Das Brot toasten. Die Unterseiten mit etwas Miso-Mayo bestreichen. Die Pilze in der Pfanne noch einmal erhitzen, mit den Apfelscheiben auf die Brote legen. Krautsalat mit Rucola mischen, auf die Sandwiches verteilen, mit Nüssen bestreuen. Restliche Miso-Mayo auf die restlichen Brotscheiben verteilen, auf die Sandwiches legen, leicht andrücken.

Einfache Pickles ohne Fermentieren

Selber fermentieren kann sehr befriedigend sein. Doch die Prozedur erscheint erst einmal etwas mühsam, vor der Anschaffung großer, schwerer Gärtöpfe gibt es eine Hemmschwelle. Und: Zu viel Leben im Topf widerspricht unseren Wünschen nach Kontrolle. Mein Kochbuch zu dem Thema war jedenfalls nicht gerade ein Bestseller. Vielleicht hätte ich mich damals mehr mit dem Thema „angstfrei fermentieren" auseinandersetzen sollen. Inzwischen findet man auch ganz kleine Gärtöpfe oder sogar Beschwerungssteine fürs gewöhnliche Einmachglas. Beide sind auch hilfreich für würzig eingelegte Pickles, die gar nicht unbedingt fermentieren, denn für die Haltbarkeit ist es wichtig, dass kein Gemüse aus der Lake spitzt. Gemüsepickles passen bestens zu einem guten Bier, Sobanudelsalat, in Sandwiches oder zum Fernsehteller mit Butterbrot. Von Glasgewichten wie auf dem Foto bin ich übrigens wieder abgekommen: Die sind einfach zu empfindlich.

FÜR 1 GROSSES GLAS

1 Bund Radieschen
1 säuerlicher Apfel
100 g Karotten
1 kleiner Kohlrabi
1 kleine Handvoll Sojasprossen
2 mildere große rote Chilischoten
Salz
125 ml Reisessig oder anderer milder Essig
3 EL Vollrohr-Zucker
2 EL No-Fish-Sauce oder Fischsauce*

* Aus dem Bioladen meist besser als aus dem Asienladen.

● ○ ○

etwa 2 Stunden Ruhezeiten

1 Radieschen und Apfel waschen, halbieren oder vierteln. Apfelstücke quer in Scheiben schneiden. Karotten und Kohlrabi schälen, in dünne Scheiben schneiden oder stifteln. Sojasprossen waschen. Chilischoten in schmale Ringe schneiden.

2 Das Gemüse mit 1 TL Salz in einer Schüssel mischen, leicht massieren, dabei die Sojasprossen erst später dazugeben. 30 Minuten stehen lassen. Essig und Zucker aufkochen, abkühlen, mit Sauce abschmecken.

3 Gemüsemischung aus der Salzlake nehmen, in ein Einmachglas schichten und mit der Marinade begießen. Mindestens 1 Stunde durchziehen lassen. Hält im Kühlschrank problemlos 2–3 Wochen.

Tipp

Auch halbreife Mangos eignen sich gut, Rettich, Mairübchen und Wassermelonenrettich ebenfalls.

Bronx Beach Vongole mit Kombu-Vinaigrette

Die verschlafene Insel liegt in Sichtweite der Skyline von Manhattan. Hier auf City Island, wo am Rande der Bronx die Meerenge von Long Island in den East River übergeht, ist im Herbst außerhalb der Saison nicht viel los – das kann nach ein paar Tagen in der Großstadt sehr angenehm sein. Ein paar Seafood-Restaurants liegen entweder links oder rechts der Straße, das letzte heißt Johnny's Reef Restaurant. Das Restaurant ist riesig und sicher kein Gourmettempel. Doch es ist deutlich zu sehen, dass die Köch*innen zum Beispiel ihre Fischfilets nicht aus der Kühltruhe nehmen, sondern selbst panieren. Und durch die vielen Gäste ist zwangsläufig alles frisch – ein Grund übrigens, warum auch das Essen in den Münchner Wiesn-Zelten oft besser schmeckt, als man denkt. Bei Johnny's habe ich morgens als einer der ersten Gäste Clams mit Pommes frites gegessen. Clams sind etwas größere Venusmuscheln.

Um die 30 Köch*innen bereiteten sich konzentriert auf den Mittagsservice vor, draußen auf der Terrasse war es heiß, aber schon herbstlich mit ganz klarer Luft. Vielleicht hätte mir in diesem wunderbaren Moment jedes Essen geschmeckt, aber die Muscheln waren ganz einfach perfekt. Moules frites sind ja nun nicht gerade eine neue Erfindung, an der französisch-belgischen Atlantikküste gibt es sie überall. Aber diese waren besser. Zu den Muscheln gab es einen kleinen Pappbecher mit einer fantastischen Muschelbrühe. Ich ging zurück ins Restaurant und sah mir die Muschelstation noch einmal genauer an. Das Geheimnis klingt fast schon banal: Die Muscheln werden nicht wie in Frankreich mit Gemüse und Knoblauch und Weißwein und was weiß ich gekocht, sondern gedämpft – mit nichts. Allerdings liegen sie in einer Schüssel, sodass das austretende Muschelwasser nicht verlorengeht. Mehr ist nicht dabei, und kein Sternekoch könnte es besser machen.

Diese wunderbare Brühe beschäftigt mich immer wieder und irgendwann beschloss ich, aus einer Reduktion, wie für eine Sauce béarnaise, mit etwas Miso und der eingekochten Muschelbrühe eine Art cremige Vinaigrette zu rühren – auch schön!

VORSPEISE FÜR 2, SNACK FÜR 4

100 g Schalotten

1 Tomate (ca. 80 g)

1 TL Pfefferkörner

1 Bund Estragon

1 EL getrocknete Steinpilze

3 EL Weißweinessig
(noch besser: Estragonessig)

125 ml trockener Weißwein

1 Stück Kombu-Alge
von ca. 10 cm x 3 cm (Bioladen)

1 kg große Venusmuscheln
(Vongole verace)

2 TL helles Miso (Bioladen
oder selbst gemacht, s. S. 12)

4 EL nussiges Bio-Rapsöl

1 Zitrone

Weißbrot oder Pommes frites

● ○ ○

25 Minuten und
etwa 40 Minuten
Garzeiten

1 Zuerst eine Reduktion für die Sauce vorbereiten: Schalotten mit Schalen halbieren, Tomate grob würfeln. Pfefferkörner im Mörser grob zerkleinern oder mit der Breitseite eines großen Messers auf der Arbeitsfläche zerquetschen. Estragon waschen und trocken schütteln. Die Blättchen zupfen – im Kühlschrank aufheben. Schalotten, Tomate, Pfeffer und Kräuterstiele mit getrockneten Pilzen, Essig und Weißwein in einem kleinen Topf um die Hälfte einkochen – etwa 25 Minuten lang, also nicht zu heiß. Anschließend die Reduktion durch ein Sieb gießen und abmessen, es sollen 80 ml sein. Schalotten aus dem Sieb fischen, das Fruchtfleisch aus den Schalen drücken und hacken. Kombu in die Reduktion geben, noch einmal fast bis zum Kochen bringen, dann vom Herd nehmen und ziehen lassen.

2 Vongole kalt waschen, kaputte Exemplare aussortieren. Abtropfen und in eine kleine Metallschüssel geben, die Schüssel in einen Dämpfeinsatz setzen. Passenden Topf oder Wok mit einer Handbreit Wasser füllen, bei größter Hitze aufkochen. Den Dämpfeinsatz aufsetzen, zudecken und 7–8 Minuten dämpfen, bis sich die Muscheln geöffnet haben. Falls noch Muscheln dabei sind, die sich gar nicht öffnen, ebenfalls aussortieren, den Rest mit der Schüssel aus dem Dämpfkorb nehmen.

3 Den Garfond, der sich in der Schüssel gebildet hat, sehr stark einkochen, sodass etwa 3 EL übrig bleiben, dann mit der Reduktion verrühren, Kombu entfernen, Miso, gehackte Schalotten und Öl unterrühren.

4 Zitrone in Spalten schneiden. Muscheln mit Zitrone garnieren, mit Weißbrot oder Pommes frites servieren. Zum Essen eine leere Muschelschale als Pinzette verwenden, um das Muschelfleisch aus den Schalen zu lösen.

BRONX BEACH VONGOLE MIT KOMBU-VINAIGRETTE S. 54

GRATINIERTES GEMÜSE S. 58

Gratiniertes Gemüse

Gratinierter Spargel mit Zitronen-Vinaigrette gehört zu den schönsten Vorspeisen in italienischen Restaurants – doch warum nur Spargel? Und warum nur als Vorspeise? Sie können jedes etwas festere Gemüse auf diese Weise zubereiten. Und die Zubereitungsart ist für mich eindeutig schick genug für ein Hauptgericht. Zuhause geht es sogar noch etwas eleganter als im Restaurant, denn dort wird der Spargel vorgekocht. Im heimischen Ofen können Sie das Gemüse erst zugedeckt dünsten und dann ohne Deckel sofort fertig gratinieren. So verschwindet kein Geschmack im Kochwasser, Spargel oder Karotten bleiben noch aromatischer. Der Witz an diesem Rezept ist aber nicht nur die Kombination von zerlaufenem Käse und Gemüse – da kann man nicht viel falsch machen –, sondern vor allem der zusätzliche Frischekick durch eine zitronige Kräutersauce.

So ein frisch-säuerliches Element auf einem gemütlich-warmen Gericht gefällt mir. In unserem Garten gibt es eine Stelle mit verwildertem Rucola in einem schattigen und deshalb wenig benutzten Gewächshaus. An dieser seltsamen Stelle fühlt sich das Kraut offensichtlich pudelwohl. Meistens wächst dort auch Vogelmiere als feineres Wildkraut. Sowohl im Sommer als auch im Winter ernte ich dort regelmäßig eine Handvoll, um daraus einen Minisalat zu machen. Den setze ich dann auf Ofengemüse, aber auch auf Risotto (beim Linsenrisotto auf S. 94 ist es in selber Funktion ein Fenchelsalat), Eintöpfe und Suppen oder manche Pasta.

FÜR 4 PERSONEN ODER
FÜR 8 ALS VORSPEISE

500 g grüner Spargel
500 g Karotten
2 Bund Frühlingszwiebeln
1 Bund Dill oder Fenchelgrün
1 sehr saftige Zitrone (evtl. eine zweite für Zitronenschnitze)
Salz
Pfeffer
3 EL Olivenöl
80 g Manchegokäse oder Parmesan

●○○

25 Minuten plus 35 Minuten Garzeit

1 Die Enden der Spargelstangen schälen (sehr zarte Spargelstangen gar nicht schälen). Mit einem kleinen scharfen Messer einige Millimeter vom Ende der Spargelstangen abschneiden – stößt das Messer dabei auf harte Fasern oder holzige Stellen, noch etwas mehr von der Spargelstange abschneiden. Karotten schälen und je nach Dicke längs halbieren oder vierteln.

2 Frühlingszwiebeln und Dill oder Fenchelgrün waschen und trockenschütteln. Den dunklen Teil der Frühlingszwiebeln in Ringe schneiden, Dill hacken. Zitronensaft auspressen, mit Salz und Pfeffer würzen und mit 4 EL Brühe oder Wasser und dem Olivenöl verrühren, abschmecken. Den Käse (grob) reiben.

3 Backofen auf 220 Grad Umluftgrillen vorheizen. Spargel und Karotten möglichst flach nebeneinander in eine knapp passende, ofenfeste Form mit Deckel legen. Am besten gelingt das Gericht, wenn das Gemüse ganz eng in einer Lage liegt und die Form vollständig bis zu den Rändern ausfüllt. Im Ofen mit der Hälfte der Sauce beträufeln und mit einem Deckel zudecken – kann auch ein improvisierter Deckel sein, er muss nicht dicht schließen. Auf der mittleren Schiene im Ofen 15 Minuten backen, dann den Deckel abnehmen, helle Lauchzwiebeln zwischen Spargel und Karotten quetschen. Alles mit Käse bestreuen und 10–15 Minuten hellbraun überbacken. Gegen Ende der Garzeit das Gemüse nicht mehr aus den Augen lassen, denn sobald der Käse einmal anfängt braun zu werden, wird er auch schnell schwarz.

4 Gemüse auf Teller verteilen, Kochflüssigkeit aus der Form mit in die restliche Zitronen-Vinaigrette rühren, über das Gemüse verteilen, nach Belieben zusätzlich jeweils mit 1 Zitronenschnitz garnieren.

Tipp

Dazu zum Beispiel Weißbrot servieren.

Sommergemüse mit Emmas Salsa

FÜR 4 PERSONEN
2 große Zucchini
1 große Aubergine

DIP
1 saftige Bio-Zitrone
25 g Salzzitrone
2 reife, aromatische Sommertomaten
50 g helles Nussmus/Mandelmus
1 Topf Basilikum (ca. 50 g, alternativ eine ähnliche Menge Fenchelkraut)
Salz
Pfeffer

● ○ ○
25 Minuten und 20 Minuten Garzeit

1 Zucchini und Aubergine waschen, abtrocknen und in knapp 1 cm dicke Scheiben schneiden. In einer Grillpfanne, einer großen beschichteten Pfanne oder in einem Klappgrill bei großer Hitze ohne Öl etwa 10 Minuten grillen – wahrscheinlich passt nicht alles auf einmal in die Pfanne, dann einfach nacheinander grillen.

2 In der Zwischenzeit die Sauce vorbereiten: Zitrone waschen, die Schale hauchdünn abschälen und in feine Streifen schneiden, den Saft auspressen. Salzzitrone ganz klein würfeln. Tomaten vierteln, die Kerne mit einem Teelöffel herauskratzen und mit Zitronensaft, Nussmus und Basilikum mixen. Tomatenfruchtfleisch ebenfalls sehr klein würfeln oder hacken, mit der Sauce verrühren, Salzzitronenwürfel und frische Zitronenschale unterrühren, mit wenig Salz und mehr Pfeffer würzen und abschmecken.

3 Gegrilltes Gemüse anrichten, mit Salz und Pfeffer würzen und mit dem Dip servieren.

Pasta

Nudeln, die schmecken, als hätten unzählige italienische Großmütter jahrhundertelang die Rezepte verfeinert und jeweils ihren Lieblingsenkeln ins Ohr geflüstert. Dabei sind Spaghetti pestonara, grünes Risotto oder Orecchiette mit Brühe aus Erbsenschoten neue Konzepte. Doch auch Klassiker wie Zitronenspaghetti, Spaghetti cacio e pepe oder Pasta fredda finden Sie hier – selbstverständlich in ihrer besten Form.

Misospaghetti

Woher kommen die Ideen für die Rezepte in dieser Kolumne? Manchmal inspiriert mich eine Zutat ganz unmittelbar, wenn zum Beispiel ein Duft eine Assoziation auslöst, der ich beim Kochen folgen möchte. Das klappt besonders gut am Wochenende oder im Urlaub, wenn ich ziellos und ganz entspannt beginne zu kochen. Viele Anregungen kommen auch aus Begegnungen mit anderen Köch*innen oder kulinarischen Kulturen. Und nicht zuletzt verfolge ich natürlich kulinarische Trends und versuche daraus gute Rezepte zu entwickeln.

Es ist eine Ausnahme, wenn ich ein fertiges Rezept direkt übernehme. Die Idee für Spaghetti mit Miso gefällt mir aber sehr gut dabei ist das Rezept gleichzeitig so einfach, dass ich es mit Ihnen teilen möchte. Italienische Spaghetti mit Butter und Parmesan können an manchen Tagen sehr tröstlich sein. Butter macht die Pasta cremig, Parmesan gibt den Nudeln viel Umami, also Geschmack. Die Rolle des Parmesans übernimmt hier Misopaste. Im Rückblick scheint es sehr naheliegend, Spaghetti mit Miso zu kombinieren, trotzdem hat es meines Wissens vor Stevan Paul niemand ausprobiert. Die Voraussetzungen für einen neuen Klassiker sind ideal.

Der Hamburger Koch und Autor schreibt unter anderem regelmäßig für die Süddeutsche Zeitung, das Rezept steht aber in seinem Kochbuch „Meine japanische Küche – Rezepte für jeden Tag". Das Buch ist mir zufällig im Buchladen begegnet und schon die schöne japanische Fadenheftung gefiel mir so gut, dass ich es sofort gekauft habe. Die Misospaghetti stehen darin zwischen traditionellen japanischen Rezepten, wie dem für die beste aller Nudelsuppen oder die perfekt gebratenen Gyoza-Teigtaschen. Dazu gesellen sich Reportagen über Köche und Restaurants in Japan sowie Pauls persönliche Erfindungen im Geiste der japanischen Küche. Stevan Paul hat als Kochlehrling bei Albert Bouley gearbeitet, das war einer der ersten Spitzenköche, die sich in Deutschland ernsthaft mit japanischer Küche auseinandergesetzt haben. Bouley nahm schon damals viele Anregungen aus Japan in seine Küche auf. Stevan Pauls Recherchereisen nach Japan waren auch Reisen zu den Ursprüngen der Küche seiner Lehrjahre. Alle Rezepte sind sensibel komponiert und beschrieben, man spürt beim Lesen, dass das Buch ein Herzensprojekt ist. Eine klitzekleine Änderung habe ich schließlich doch in die Misospaghetti geschmuggelt – probieren Sie beide Versionen!

FÜR 2–3 PERSONEN

125 g Queller (heißt auch Salicornia oder Passepierre; alternativ ½ Bund Rucola)

350 g Spaghetti

Salz

1 EL schwarzer Sesam

50 g Butter

25 g helle Misopaste (Bioladen oder selbst gemacht, s. S. 12)

● ○ ○

20 Minuten inkl. Garzeit

1 Queller waschen, dicke zähe Stiele entfernen. Spaghetti nach Packungsanweisung kochen, dabei in den letzten 2 Minuten den Queller dazugeben (Rucola erst unter die fertigen Nudeln mischen). Sesam in einer Pfanne ohne Fett 4–5 Minuten rösten.

2 In der Zwischenzeit in einem zweiten Topf oder einer Pfanne die Butter schmelzen und das Miso mit einem Schneebesen einrühren. 100 ml vom Nudelwasser zugeben und unter Rühren cremig aufkochen. Vom Herd ziehen. Die gekochten Nudeln mit dem Queller in ein Sieb geben, tropfnass mit der Miso-Butter mischen und sofort servieren.

Spaghetti pestonara

Die italienische Küche ist – ähnlich wie die deutsche Autoindustrie – so gut, dass der Stolz auf die eigenen Errungenschaften manchmal neue Entwicklungen bremst. Vielleicht braucht so eine großartige, traditionelle Küche aber auch gar keine neuen Experimente? Darüber kann man bei einer guten Flasche Chianti nächtelang diskutieren. Eine der besten Pizzerien, die ich kenne, ist jedenfalls nicht in Neapel, sondern in Kopenhagen und richtig umwerfende, neue Pastagerichte entstehen leichter in Sydney oder New York, wo Köch*innen ohne die Fesseln der Tradition kochen können, worauf sie Lust haben – ohne dass der Geist der „Nonna" gleich protestiert, wenn mal das vermeintlich falsche Kraut in die Tomatensauce kommt.

Kürzlich hatte ich Hunger und den Arm voller Estragonzweige – da kam mir eine Idee, die mir so durch und durch italienisch erscheint, dass wohl auch die strengste Nonna davon entzückt wäre. Gleichzeitig ist das Rezept so einfach, wie es ein echter Klassiker sein muss. Und scheinbar hatte niemand vor mir daran gedacht – in der Küche ein echtes Wunder! Sofort habe ich das Rezept ausprobiert und bin jetzt noch ganz aufgeregt, am liebsten würde ich sofort ein Pasta-Pop-up eröffnen, wo es nur dieses eine Gericht gibt: Spaghetti pestonara.

Wie bei allen einfachen Rezepten kommt es auf die Kleinigkeiten an: Nicht mit den Kräutern sparen! Wirklich ganz fein mixen, die Masse soll grün sein, grüne Kräuterstückchen in gelber Eiercreme sind zu grob. Und sobald sich beim Mischen eine schön cremige Schicht um die Spaghetti legt, sofort servieren.

FÜR 4 PERSONEN

4 EL Pinienkerne

2 große Handvoll Basilikum- oder Estragonblätter

4 Eier

80 g geriebener Parmesan

Salz

Pfeffer

Muskat

500 g Spaghetti

1–2 EL Butter

● ○ ○

20 Minuten

1 Die Pinienkerne in einer Pfanne ohne Fett hellgolden rösten. Auf einem Teller abkühlen lassen. Die Kräuter mit den Eiern fein mixen, bis die Masse schön grün wird. Die Hälfte der Pinienkerne und den Parmesan untermixen. Dabei mit wenig Salz und mehr Pfeffer und Muskat abschmecken.

2 Spaghetti in reichlich Salzwasser bissfest kochen. Abgießen, etwas Kochwasser auffangen. Die Spaghetti zurück in den heißen Topf geben und auf der ausgeschalteten, aber noch heißen Herdplatte mit den Kräuter-Eiern mischen, bis die Pasta von einer cremigen Schicht überzogen ist, dabei Butter und evtl. ein paar Löffel Kochwasser zugeben – man sieht, wie die Creme durch die Hitze ganz leicht bindet. Sofort servieren, mit restlichen Pinienkernen bestreuen.

Nudelrisotto mit Erbsen und Erbsenschoten-Brühe

Gute Brühen sind ein Schlüssel zu guter Küche. Gleichzeitig können sie entweder viel Lebensmittelverschwendung verursachen – oder aber dabei helfen, Verschwendung zu vermeiden. Oft lohnt es sich, zumindest einen Teil von Gemüse-Kochwasser als Brühe zu verwenden. So können Sie mit einem Schuss Kochwasser ein Risotto oder eine Sauce mit Flüssigkeit versorgen und zusätzlich aromatisieren. Spinat und Mangold sind Ausnahmen, deren Kochwasser enthält zu viel Oxalsäure. Doch es gibt einige Gemüsesorten, deren Brühen auffällig fein und aromatisch schmecken. Ein Beispiel kennt wahrscheinlich jeder: Das Kochwasser von Spargel und Spargelschalen ist eine Spitzengrundlage für Spargelsuppen, Risotto oder Saucen mit Spargel. Nicht so bekannt ist die unglaubliche Maiskolbenbrühe, Zwiebeln sind wunderbar für Brühe pur, Brokkoli und Fenchel auch. Meine neue Nummer eins ist aber die Erbsenbrühe: Wer schon einmal frische Erbsen ausgepalt hat, weiß, dass ein kleines Häufchen Erbsen übrigbleibt und ein riesiger Haufen leere Schoten. Das fand ich immer unbefriedigend, doch jetzt koche ich eine Brühe aus den Schoten. Sie eignet sich für sommerliche Suppen, ich habe sie für ein sehr sommerliches Nudelrisotto genommen – und bin begeistert. Nummer zwei ist die Artischockenbrühe, die habe ich in einem klassischen Reis-Risotto ausprobiert.

FÜR 4 PERSONEN

1 kg frische Bio-Erbsen in der Schote
Salz
2 Knoblauchzehen
1 Zwiebel
Olivenöl
300 g kleine Nudeln, z.B. Orecchiette
125 g Käse, der schön schmilzt*

* Beispielsweise Stracchino oder Parmesan, Stracchino bringt eine feine Säure, die dem Gericht guttut, ein Spritzer Zitronensaft könnte diese Säure bringen, wenn Sie Parmesan verwenden.

● ○ ○

15 Minuten und etwa 30 Minuten Kochzeiten

1 Erbsen waschen und aus den Schoten lösen. Die leeren Schoten mit etwa 1,5 l Wasser knapp bedecken und mit einer kräftigen Prise Salz 15 Minuten köcheln lassen. Dann mit dem Pürierstab sehr grob pürieren und durch ein feines Sieb abgießen (dabei wickeln sich Erbsenfasern um das Püriermesser, das ist ein bisschen lästig, lässt sich aber nicht vermeiden), die Brühe auffangen.

2 Knoblauch und Zwiebel schälen und würfeln, mit 3 EL Olivenöl 2 Minuten anschwitzen. Die Nudeln zugeben, umrühren und dann mit 750 ml Brühe aufgießen. Die Hitze reduzieren, die Nudeln mit Deckel nach Packungsangabe etwa 10 Minuten bissfest kochen, gelegentlich umrühren. 3 Minuten vor Schluss die Erbsen mit in den Topf geben – dabei, falls nötig, noch etwas Brühe zugeben. Zum Schluss sollte nur noch wenig Brühe im Topf sein.

3 Den Käse zerpflücken oder reiben und unter die Erbsenpasta rühren. Sie soll jetzt etwas flüssiger als ein Risotto aussehen, aber nicht so flüssig wie eine Suppe. Mit etwas Olivenöl beträufeln und zügig servieren.

Spargel-Linguine

Gut gemacht sind Spaghetti aglio e olio für Liebhaber*innen eine schöne Sache – aber obwohl ich ein Freund bin von Kohlenhydraten, Butter und Olivenöl, fehlt mir bei aglio e olio die Frische. Mit einer Handvoll aromatischem Grün und zwei Bündeln Spargel wird daraus jedoch eines der besten Pasta-Gerichte. Soweit ich mich erinnere, hatte vor ein paar Jahren die Fotografin Ulrike Myrzik die Idee dafür, ihre Fotos kennen Sie vielleicht aus dem SZ-Magazin. In ihre Variante kommt noch ein Haufen Koriander, dafür weniger Spargel und der wird im Nudelwasser gekocht. So habe ich die Nudeln früher auch zubereitet. Weil ich aber Gemüse kaum noch in viel Wasser kochen will – zu viel Aroma geht im Wasser verloren – dünste ich den Spargel jetzt lieber in einem schweren Schmortopf oder einer schweren Pfanne. Überhaupt habe ich kürzlich meinen alten Bratentopf für Gemüse neu entdeckt. Klar werden Rouladen, Ragouts und Schmorbraten im schweren Topf besonders gut, weil das Gusseisen erst viel Wärme speichert und sie dann schön gleichmäßig an seinen Inhalt abgibt – aber das hilft bei Karotten, Spargel, Radicchio, Staudensellerie oder Kohlrabi eben auch. Dabei geht das Dünsten oft schon ins Schmoren über, bei einem gut schließenden Deckel braucht es meist kaum zusätzliche Flüssigkeit, alle Aromen konzentrieren sich maximal. Die liebevoll geschmurgelte Karotte schmeckt plötzlich so wuchtig und komplex wie ein sanft geschmorter Braten.

FÜR 4 PERSONEN

1 kg weißer Spargel

4 Knoblauchzehen

1 große Handvoll junger Spinat oder Löwenzahn, Giersch, Petersilie

3 Stängel Minze oder Koriander, Estragon, Kerbel

Salz

500 g Linguine oder Spaghetti*

2 getrocknete Peperoncino-Schoten

3 EL Olivenöl

Pfeffer

ca. 75 ml Rosé oder Weißwein

3–4 EL Butter

* Man kann jede lange Pastasorte verwenden, besonders geeignet sind jedoch Sorten mit einer rauen Oberfläche.

●●○

30 Minuten

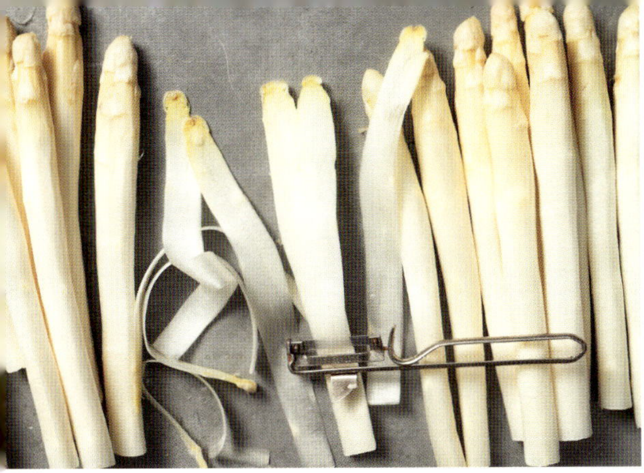

1 Den Spargel schälen, zähe Enden abschneiden. Spargelstangen einzeln mit dem Messer oder – einfacher, aber langsamer – mit dem Sparschäler in breite, bandnudelartige Streifen schneiden. Knoblauch dünn schneiden. Spinat und Kräuter waschen und abtropfen.

2 Einen großen Topf mit Wasser aufkochen, salzen (8 g Salz pro Liter Wasser, das ist mehr, als man denkt). Die Spargelschalen im Nudelwasser eine Weile köcheln lassen, dann mit einem Sieblöffel aus dem Wasser heben und entsorgen. Pasta im Spargelwasser sehr knapp al dente kochen, abgießen, dabei etwa 100 ml Kochwasser auffangen.

3 Während die Nudeln kochen, Spargel, Knoblauch und Peperoncino im Olivenöl 2–3 Minuten bei mittelgroßer Hitze mit Deckel mehr schmoren als braten, dabei gleich mit Salz und Pfeffer würzen. Spargel mit Wein ablöschen, auf große Hitze umschalten, Spinat und Koriander darauflegen, Nudeln tropfnass dazugeben, alles zusammen 2 Minuten garen. Dabei die Butter unterschwenken und gerade so viel Nudelwasser zugeben, wie nötig ist, um die Nudeln mit einer sehr cremigen Sauce zu überziehen.

Grünes Risotto mit Huhn

Lange Zeit habe ich für Freund*innen mein Risotto fast schon heimlich in der Küche fertig gerührt. Weil ein klassisches Risotto so unglaublich viel Butter und Parmesan verschlingt, dass schon das Wissen darum den Cholesterinspiegel in gefährliche Höhen treibt. Schmeckt aber gut. Heute lasse ich die Butter oft weg, manchmal auch den Käse. Denn es gibt auch andere Wege zu aromatisch-cremigem Reis. In meinem grünen Frühlings-Risotto sorgen Kräuterpüree und ein Schuss Bratfett vom Huhn für reichlich Geschmack und eine schöne Crema. Dieses Hühnerschmalz – genau das ist ja „Bratfett" – schmeckt viel aromatischer als Butter, deshalb braucht man weniger. Außerdem gefällt es mir, das Hühnerschmalz sinnvoll zu verwenden. Wenn noch etwas übrig bleibt, brate ich später Kräuter für eine Sauce darin an oder den Reis für das nächste Risotto.

FÜR 4 PERSONEN
1 Huhn, zerteilt
Salz
2 EL Olivenöl
1,2 l Brühe
300 g Risottoreis
1 Kohlrabi (400–500 g)
2 Frühlingszwiebeln
2 Bund Petersilie
1 Bund Dill oder Fenchelkraut
100 ml Weißwein
Pfeffer

20 Minuten und 30 Minuten Garzeiten

1 Hühnerkeulen, evtl. auch die Flügel, salzen und mit 1 EL Olivenöl bei mittlerer Hitze ganz langsam auf der Hautseite sehr knusprig braten. Das dauert insgesamt etwa 30 Minuten, nach 15 Minuten die Brustfilets ebenfalls würzen und mit der Hautseite nach unten dazulegen.

2 Während die Hühnerteile braten, 900 ml Brühe aufkochen, auf kleinster Stufe warm halten. Risottoreis in 1 EL Olivenöl 2 Minuten anbraten. Etwa ein Drittel der warmen Brühe angießen, den Rest nach und nach zugeben, immer wieder umrühren. Während der Reis kocht, Kohlrabi schälen, Frühlingszwiebeln, Petersilie und Dill waschen. Alles zusammen klein schneiden, Kohlrabi und Kräuter mit restlicher Brühe und Weißwein 10 Minuten weich kochen. Mit einem Pürierstab oder im Mixer fein pürieren.

3 Nach 18 Minuten ist der Reis fertig. Kräuter-Püree einrühren. Noch einmal aufkochen, einen Schuss vom heißen Hühnerbratfett unterrühren, mit Salz und Pfeffer abschmecken. Neben dem Herd zugedeckt noch 2 Minuten ziehen lassen. Auf vorgewärmte Teller verteilen, mit Huhn garnieren.

Eingelegte grüne Mandeln

Jedes Jahr im Frühling bewundere ich grüne Mandeln auf dem Markt, wusste aber nie recht, was tun mit ihnen. Sie sind flaumig und grün wie junge Pfirsiche, nur ohne Fruchtfleisch. Im April, wenn die Saison in den Ländern rund ums Mittelmeer nach und nach beginnt, kann man die grüne Schale noch mitessen. Der Mandelkern ist dann transparent und ganz weich. Mit etwas Salz werden die Mandeln roh geknabbert, sie schmecken knackig, frisch und leicht herb, ähnlich wie unreife Pfirsiche. Ich kann sie mir in dünnen Scheiben und mit reichlich Zitrone sehr gut auf Spargel, Risotto oder Salaten vorstellen. Auch die traditionelle Knabbervariante würde ich um ein paar Tropfen Zitronensaft ergänzen.

Später, wenn die Schalen härter und bitter geworden sind, schmecken die unreifen inneren Mandelkerne immer noch sehr gut. Sie sind dann zart, ein wenig wie Schäl-Walnüsse oder halbreife Haselnüsse direkt vom Strauch. Allerdings entsteht dann viel zu viel Abfall, deshalb verwende ich sie in dieser zweiten Reifephase eher nicht. Denn die kleinen Dinger sind sowieso nur bezahlbar, weil man mit sehr kleinen Mengen viel erreichen kann beim Kochen. Um meine Testmandeln möglichst lange genießen zu können, habe ich sie eingelegt. Meistens reichen zwei oder drei Mandelkerne pro Person, um einem Gericht einen zusätzlichen Kick zu verleihen.

200 g grüne Mandeln
1 große, saftige Bio-Zitrone
1,5 TL Salz (8 g)
40 g Honig
2 Lorbeerblätter
1 Stängel Melisse oder Minze

● ○ ○

5 Minuten und mindestens
1 Tag Ruhezeit

1a Mandeln waschen. Eine Hälfte der Zitrone in Scheiben schneiden, die zweite Hälfte auspressen. Mandeln, Zitronensaft und -scheiben mit Salz, Honig und 150 ml Wasser mischen. Mit Lorbeer und Melisse in ein Glas füllen. Im Kühlschrank mindestens 1 Tag durchziehen lassen, kühl halten sie sich problemlos einige Wochen.

1b In der Türkei werden die Mandeln mit Essig statt Zitronensaft eingelegt und dann als Çağla turşusu 3–4 Wochen fermentiert. Das geht sehr einfach, man muss nur darauf achten, dass alles restlos von Flüssigkeit bedeckt ist – am besten Mandeln, Zitronenscheiben und Kräuter mit einem säurebeständigen Stein oder einem Stück Glas beschweren. Nach etwa 1 Woche Fermentationszeit schmecken sie sehr erfrischend, aber noch mild. Dann stelle ich sie in den Kühlschrank, wo sie sich kaum noch verändern.

2 Ob fermentiert oder klassisch eingelegt, zum Servieren die Mandeln in Scheiben schneiden und zum Beispiel über gebratenes Huhn, Gemüse oder Salate streuen.

Spaghetti al limone

Wenige Gerichte versetzen mich so zuverlässig in entspannte Ferienstimmung wie Spaghetti al limone. Das Konzept, italienische Nudeln mit sommerlichen Zitronenaromen zu vermählen, ist genial. Nur geht es leider oft schief: Entweder ist die Pasta zu trocken, zu sauer oder sie schmeckt nicht nach Zitronen. Manche geben sogar Sahne in die Zitronensauce – kurz: Wie bei allen einfachen Dingen im Leben entscheiden viele vermeintlich unwichtige Kleinigkeiten über Genuss oder Stuss.

Die besten Spaghetti, die ich bisher für dieses Rezept verwendet habe, sind aus Kamutweizen. Sie schmecken nach ein bisschen mehr als normale Spaghetti. Die Zitrone muss schon durch die Schale duften und saftig sein. Auch die Brühe ist entscheidend, schön wäre eine selbst gekochte Version, intensiv und voll von Umami. Mir persönlich gefällt die Variante mit Hühnerbrühe besser, aber mit einer kräftigen Gemüsebrühe geht es genauso. Entscheidend ist, den Zitronensaft eine Weile mit der Brühe zu kochen, das mildert die harte Säure. Die Schale dagegen kommt zum Schluss dazu, so bleibt ihr Duft erhalten. Solo wäre die Zitrone zu brachial, alle anderen Zutaten liefern einen cremig-harmonischen Hintergrund, auf dem sich Frische und Duft der Diva erst voll entfalten können.

FÜR 4 PERSONEN

500 g Spaghetti
Salz
1 erstklassige Bio-Zitrone
500 ml Hühner- oder Gemüsebrühe
80 g Parmesan
2 Eier
1 Bund Petersilie
2 EL kalte Butter
Pfeffer

● ○ ○

20 Minuten

1 Spaghetti in reichlich Salzwasser kochen. Währenddessen die Zitronenschale fein abreiben. Den Saft auspressen und mit 450 ml Hühner- oder Gemüsebrühe auf die Hälfte einkochen. Parmesan reiben, mit restlicher Brühe und Eiern verquirlen.

2 Petersilie zupfen und hacken. Mit Butter und der Zitronenschale unter die eingekochte Brühe rühren. Spaghetti abgießen, kurz abtropfen und gleich mit Brühe und Parmesan-Eier-Mischung vermengen, bis alle von einer cremigen Emulsion überzogen sind. Pfeffern und sofort servieren.

Mandel-Variante: 2 EL Mandel-Einlegeflüssigkeit (s. S. 74) mit der Brühe einkochen. 12 eingelegte Mandeln dünn schneiden, über die fertigen Nudeln streuen.

Spaghetti mit Tomatensauce

Mein Essen für die einsame Insel. Wenn es viele tolle Tomaten gibt, im Garten oder auf dem Markt, mehr Sauce im Bräter im Ofen kochen, sodass sie oben ein paar Röststoffe bildet. In Schraubdeckelgläser füllen und dann 20 Minuten lang für den Winter sterilisieren.

FÜR 4 PERSONEN

Salz

3 junge Knoblauchzehen

2 Rosmarinzweige

1–2 getrocknete Peperoncinoschoten

½ TL Fenchelsamen

500 g superreife Tomaten oder 500 g stückige Tomaten aus dem Glas (keine Passata!)

1 Bund Basilikum

4 EL Olivenöl

500 g Spaghetti

geröstete Brotbrösel* oder geriebener Parmesan

* Trockenes Weißbrot eher grob und nicht ganz regelmäßig reiben oder im Blitzhacker zerkleinern. 1 Knoblauchzehe mit Schale quetschen. Brösel mit wenig Olivenöl und der Knoblauchzehe goldbraun rösten, oft umrühren.

● ○ ○

20 Minuten

1 Einen Topf mit Salzwasser auf den Herd stellen. Knoblauchzehen schälen, Rosmarinnadeln abstreifen, mit Peperoncino und Fenchelsamen hacken. Tomaten waschen und würfeln. Basilikum zupfen und ein paarmal durchschneiden.

2 Gehackte Kräuter und Knoblauch im Olivenöl kurz anbraten, wenn der Knoblauch beginnt braun zu werden, die Hälfte vom Basilikum zugeben. Noch einmal umrühren, Tomaten zugeben, salzen und ein paar Minuten mit Deckel kochen. Spaghetti nach Packungsanweisung kochen.

3 Die Sauce soll jetzt sämig, aber nicht zu dick sein. Nudeln abgießen, aber nicht abschrecken. Tomatensauce mit restlichem Basilikum und den Nudeln mischen, noch einmal aufkochen, gut mischen und dann auf Teller verteilen. Mit Bröseln oder Parmesan bestreuen.

Malloreddus als Pasta fredda mit Wassermelone, Sesam und Kräutern

Die kleine sardische Pastasorte mit den feinen, regelmäßigen Rillen auf ihrer Oberfläche sieht spektakulär aus. Aber vor allem nimmt sie Saucen sehr gut auf. Dabei ist es ganz leicht, die Nudeln zu formen: einfach ein kleines Stück Teigrolle mit einem Spachtel oder einem Messer schräg über ein geriffeltes Brett ziehen, fertig. Ohne Spezialbrett geht es auch auf jeder glatten Arbeitsfläche – das ist in Ordnung, viele Pastasorten existieren ja in einer geriffelten und einer glatten Form. Denken Sie nur an Penne und Penne rigate. Die perfekt passende Saucenmenge ändert sich ein wenig, mehr nicht. Für eine Hochzeitsgesellschaft würde ich nicht gerade Malloreddus zubereiten, aber um Freund*innen zu bewirten, eignen sich die Nudeln sehr gut.

Wichtig ist die Teigkonsistenz, die exakte Wassermenge kann sich mit der Grießsorte ein wenig ändern. Der frisch geknetete Teig soll ganz glatt und außen trocken sein, dabei darf er sich aber auf keinen Fall bröselig anfühlen. Den fertig gekneteten Teig ruhen lassen, so kann sich das Gluten entspannen. Wenn der Teig schon vor der Ruhezeit weich und entspannt wirkt, dann ist er später auf jeden Fall zu klebrig – das ist vermutlich der häufigste Fehler, wenn man die ersten Nudelteige selber knetet. Auch aus zu weichem Teig werden noch sehr gute Nudeln, nur muss man so einen Teig beim Ausrollen gründlich mit Mehl oder Nudelgrieß bestäuben und auf diese Weise noch mehr Mehl in den Teig einarbeiten. Das ist kein Problem, dauert aber eine Weile.

FÜR 4 PERSONEN

NUDELTEIG

300 g Semola rimacinata oder Semolina per pasta (in beiden Fällen: sehr feiner Hartweizen-Nudelgrieß)
Salz
150 ml Wasser

AUSSERDEM

2 große Handvoll Kräuter oder junger Spinat
½ Gurke
600 g Wassermelone
Pfeffer

SAUCE

40 g weißer Sesam
6 cm Ingwerwurzel
1 Bio-Limette (für ca. 4 EL Saft)
4 EL erstklassige Sojasauce
3 EL Rapsöl
1 EL Sesamöl – lieber aus dem Bioladen als aus dem Asienladen, nicht zu intensiv
Salz

●●○
75 Minuten

1 Aus Semola, einer kräftigen Prise Salz und dem Wasser 5–10 Minuten entspannt einen geschmeidigen Teig kneten, der nicht klebt – mit der Hand geht es am besten. Zudecken und ruhen lassen, bis der Rest vorbereitet ist.

2 Kräuter oder Spinat waschen, schleudern, gut abtropfen lassen, zähe Stiele entfernen. Gurke schälen, längs vierteln, entkernen, schräg in Scheiben schneiden. Wassermelone in Scheiben schneiden, schälen und würfeln.

3 Sesam in einer Pfanne ohne Fett goldbraun rösten, oft umrühren. In einer Schüssel abkühlen lassen. Ingwer schälen und reiben oder quer zur Faser in hauchdünne Scheiben schneiden und hacken. Limettenschale abreiben, -saft auspressen (wer will, mixt überschüssigen Saft mit den Gurkenkernen – schmeckt gut und verhindert Foodwaste). Ingwer, 1 EL Sesam, Sojasauce, Limettenschale und -saft, Raps- und Sesamöl verrühren. Abschmecken.

4 Nudelteig ohne zusätzlichen Grieß zu bleistiftdicken Rollen formen, dann in 2 cm lange Stücke schneiden und mit einem (Maler-)Spachtel oder glatten Besteckmesser über ein Malloreddus-Brett ziehen, so entsteht die typische Rillenform. Ohne das Brett einfach auf der Arbeitsfläche in einer leicht ziehenden Bewegung ein Teigstückchen flach drücken, dabei rollt es sich auf.

5 Pasta bissfest kochen, abgießen und kurz abschrecken, gut abtropfen lassen, sie darf ruhig noch lauwarm sein, soll aber nicht verkleben. Mit Kräutern, Melone, Gurke, Sauce und restlichem Sesam mischen, großzügig pfeffern, gleich servieren.

Tipp

Wer Pasta lieber kauft: 250 g Pasta secca oder 450 g Pasta fresca (klein, dick, mit Rillen, beispielsweise Orecchiette oder Malloreddus) verwenden.

Optional halbfesten Tofu oder Fetakäse hineinbröseln.

MALLOREDDUS ALS PASTA FREDDA MIT WASSERMELONE, SESAM UND KRÄUTERN S. 80

Pasta fredda con Sofritto

Hoch über dem Meer, auf einem Felsen nahe der Vulkaninsel Stromboli habe ich zwei Sommer lang gekocht. Jeden Tag bereitete ich eine Pasta fredda für den Besitzer des Restaurants vor, er nahm die Sauce für seine Mittagspause mit nach Hause. Dort kochte er noch die Nudeln dazu, ganz frisch. Das Rezept war einfach: Würfel aus wirklich reifen Tomaten kommen mit einer angequetschten Knoblauchzehe, reichlich Basilikum und einem generösen Schwall Olivenöl in eine Schüssel. Die lauwarme Pasta wird mit der Sauce gemischt, fertig. So habe ich die Pasta fredda dann über Jahre zubereitet, und es gibt wenige Rezepte mit Nudeln, die mich so schnell in sommerliche Stimmung bringen wie dieses.

Kürzlich wollte ich den Knoblauch für meine Pasta kurz andünsten, denn rohen Knoblauch mag ich nur manchmal. Und weil ich sowieso schon den kleinen Topf auf dem Herd hatte, gab ich noch ein paar andere Gewürze dazu, deren Aroma sich in heißem Olivenöl gut entfaltet – Peperoncino, Basilikumblätter und -stiele, Zitronenschale und Salzkapern. Ein klassisches Sofritto für Pastasaucen also. Damit bekommt die Pasta fredda eine neue Dimension. Neil Armstrong muss sich ähnlich gefühlt haben.

● ○ ○

20 Minuten

FÜR 4 PERSONEN

300 g kurze Pasta, z.B. Orecchiette oder Penne

Salz

500 g superaromatische reife Sommer-Tomaten

1 frische Knoblauchzehe

½ Topf Basilikum

1 getrocknete Peperoncinoschote

1–2 EL Salzkapern

Schale von ½ Zitrone

ca. 100 ml Olivenöl

4 EL geröstete Pistazien in der Schale

2–3 EL kleine Oliven, z.B. Taggiasca aus Ligurien

1 Nudeln nach Packungsanweisung in gut gesalzenem Wasser al dente kochen. In der Zwischenzeit Tomaten waschen, vierteln, Stielansatz entfernen, Tomaten in nicht zu kleine Würfel schneiden.

2 Knoblauch schälen und fein hacken, einige Stängel Basilikum samt Stielen mit dem Peperoncino ebenfalls hacken. Alles zusammen mit Kapern und Zitronenschale in einem kleinen Topf im Olivenöl einige Minuten dünsten. Sofritto über die Tomaten gießen.

3 Pistazien schälen. Vom restlichen Basilikum die Blättchen abzupfen und sehr grob zupfen. Pasta abgießen, kurz abschrecken, sodass sie nicht ganz kalt wird. Mit Tomaten, Soffritto und Oliven mischen. Mit Salz abschmecken, evtl. noch Olivenöl zugeben, mit Pistazien bestreuen.

Steinpilz-Pappardelle mit Butter-Chicken-Masala

Jahrelang habe ich kaum Rezepte und Ideen für Pasta-Teige und handgefüllte Teigtaschen veröffentlicht, denn ich hatte Sorge, dass Pasta kneten, rollen und formen zuhause zu viel Arbeit macht. Dabei mag ich das entspannende Gewuzel mit Nudelteig und ich kenne mich gut damit aus, unter anderem habe ich ein Jahr lang im damals besten Restaurant Italiens gekocht. Aber auch ich brauche einen Sonntagnachmittag ohne viele andere Aufgaben, um entspannt Pasta zu formen – und solche Sonntage kommen viel zu selten vor.

Als ich dann aber doch einen Text über Mezzelune mit Kartoffel-Minz-Füllung schrieb, wurde das Rezept sofort einer der beliebtesten Beiträge in der Probier-doch-mal-Kolumne. Das hat mich sanft erstaunt. Aber gut, Sie haben es so gewollt, hier mein Rezept für Steinpilz-Bandnudeln. Und wenn man darüber nachdenkt, sind Bandnudeln ja doch ziemlich schnell fertig. Gerade Pappardelle, besonders breite Bandnudeln, schmecken außerdem sogar besser, wenn man den Teig mit der Hand, leicht unregelmäßig und ohne teures Equipment ausrollt. Sie sehen und schmecken sehr leicht den Unterschied zwischen selbst gemachten und gekauften Pappardelle. Die geriebenen Nudeln von S. 100 gehen noch schneller und die aufwändigeren Selleriemaultaschen von S. 96 mag ich auch sehr gerne.

Pasta aus gefärbtem Teig hat mich bisher kulinarisch nicht so ganz überzeugt, denn egal ob Tintenfischtinte, Spinat, Rote Bete oder Karotte – die gekochte Pasta schmeckt in der Regel kaum nach dem färbenden Zusatz. Ist aber schön bunt, das freut zumindest den Foodfotografen in mir. Die satte, warme Brauntönung, die meine Pappardelle durch Steinpilzpulver bekommen, ist auch sehr schön – und ich bilde mir ein, es bleibt deutlich mehr vom Aroma als bei den genannten Varianten, sogar in der Kombination mit einer sehr würzigen Sauce.

FÜR 4 PERSONEN

BUTTER-CHICKEN-MASALA

2 Knoblauchzehen

30 g Ingwerwurzel

300 g Vollmilch-Joghurt

2 EL Kurkumapulver

Salz

Pfeffer

600 g ausgelöste Hühnerkeulen

100 g Butter

2 EL Garam Masala (oder Currypulver)

1 EL Chipotle-Chilipulver

200 g stückige Dosentomaten

100 ml (Hühner-)Brühe

½ TL Fenchelsamen

2 EL Pistazienkerne (grüne oder gesalzene Knabberpistazien)

1 EL Rosinen oder Berberitzen

4 EL Brösel

1 EL Olivenöl

5 g Steinpilzpulver

½ Bund Minze

TEIG

265–285 g Weichweizenmehl, z.B. schwäbisches Spätzlemehl oder italienisches Weizenmehl Tipo 00

15 g Steinpilzpulver (kann man auch weglassen, dann 15 g mehr Mehl für den Teig nehmen)

3 Eier (M für die Nudelmaschine, L fürs Nudelholz)

Prise Salz

●●○

1 Stunde und 1 Stunde Garzeiten sowie mindestens 30 Minuten Ruhezeit

1 Knoblauch und Ingwer schälen und hacken, 1 Messerspitze Knoblauch zur Seite geben, Rest mit Ingwer, 200 g Joghurt, Kurkuma und jeweils einer kräftigen Prise Salz und Pfeffer verrühren. Das Hühnerfleisch 3 cm groß würfeln und im Joghurt mindestens 30 Minuten (oder im Kühlschrank über Nacht) marinieren.

2 Für den Nudelteig alles gut verkneten, dabei 5 g Steinpilzpulver zur Seite geben. Teig luftdicht zudecken und mindestens 30 Minuten ruhen lassen.

3 In der Zwischenzeit das Huhn zubereiten: Butter in einem Schmortopf aufschäumen lassen, Garam Masala und Chilipulver zugeben, Tomaten und Brühe unterrühren und kurz kochen lassen. Hühnerfleisch mit Marinade zugeben, einen Deckel auflegen und bei schwacher Hitze 45 Minuten schmoren lassen, bis es ganz weich ist. Mit Salz und Pfeffer abschmecken und neben dem Herd zugedeckt noch etwas ziehen lassen. Fenchelsamen, Pistazien und Rosinen hacken. Brösel mit Olivenöl in einer Pfanne goldbraun rösten, dabei oft umrühren. Wenn sie beginnen, goldbraun zu werden, die Gewürze mit dem restlichen Steinpilzpulver unterrühren, nur noch kurz weiterrösten.

→

4 Den ausgeruhten Teig ausrollen. Am besten geht es mit einem Nudelholz ohne Griffe (französischer Typ) oder einem abgesägten, etwa 60 cm langen Besenstiel. Jeweils etwa 150 g zu einer Kugel formen. Auf Pizzagröße ausrollen, dabei bei jedem Richtungswechsel den Teig um eine Vierteldrehung gegen den Uhrzeigersinn drehen – so geht die Teigform allmählich in Richtung Rechteck. Sobald der Teig relativ dünn wird, bei jedem Durchgang mit kurzen Vor- und Zurückbewegungen nach und nach eng auf das Nudelholz wickeln. Dabei die flachen Hände zuerst in der Mitte des Nudelholzes auflegen und beim Hin-und-her-Rollen nach außen bewegen. So wird der Teig gleichzeitig vom Holz nach unten gedrückt und von den Händen sanft nach außen gezogen. Damit er nicht zusammenklebt, immer wieder mit wenig Mehl bestäuben und die jeweils letzten 2 cm nicht mit aufrollen. Sobald der Teig (bis auf 2 cm) eingerollt ist, das Nudelholz senkrecht vom Körper weg legen, den Teig nach rechts abrollen. Das Nudelholz wieder parallel zur Kante der Arbeitsfläche nehmen, den Teig wieder einrollen. Wiederholen, bis der Teig dünn ausgerollt ist – für die Pappardelle reicht es, wenn er gut 1 mm dick bleibt. Zuletzt mit Mehl bestäuben, aufrollen und mit einem scharfen Messer in 2 cm breite Bandnudeln schneiden.

5 Nudeln bestäuben, mit den Fingern lockern, in Salzwasser 3–4 Minuten bissfest kochen. Minze zupfen, Masala noch einmal erhitzen. Nudeln abgießen, tropfnass mit dem geschmorten Hühnchen mischen, einmal gut durchkochen lassen, dann Minze zugeben, alles anrichten, mit restlichem Joghurt garnieren und mit den Bröseln bestreuen.

Smoked Butter Chicken Masala: Ein Metallschüsselchen in die Schüssel mit dem marinierten Huhn stellen, die Hühnchenteile ausbreiten, sodass sie in einer Lage den Boden der Schüssel bedecken. Ein Stück gut glühende Binchotan-Holzkohle in die kleine Schüssel legen, 10 Kardamomkapseln und 6 Gewürznelken auf die glühende Kohle legen, mit 1 EL flüssigem Butterschmalz begießen. Die große Schüssel mitsamt der Räucherschale zügig mit Alufolie verschließen, 6 Stunden ziehen lassen. Wie beschrieben schmoren.

Spaghetti cacio e pepe mit Schwarzkohl

Spaghetti cacio e pepe ist eine der schönsten Grundzubereitungen für italienische Pasta. Man braucht nur drei Zutaten: cacio – Käse, und zwar Pecorino romano, pepe – Pfeffer und eben Spaghetti. Trotzdem findet sich das Gericht selten auf Speisekarten oder in Kochbüchern. Für die Zubereitung größerer Mengen in Restaurants brauchen die Nudeln wohl zu viel Aufmerksamkeit. Aber zuhause sollte jeder ab und zu Spaghetti cacio e pepe kochen. Das Rezept ist so einfach, dass es auf jede Kleinigkeit ankommt. Die Spaghetti sollen viel Stärke ans Kochwasser abgeben, denn das leicht gebundene Kochwasser wird zur Basis der Käsecreme. In Frage kommen Pastasorten mit einer rauen Oberfläche. Die bekommen die Nudeln, wenn der Teig durch eine Lochscheibe aus Bronze gepresst wird, um die Spaghetti zu formen. Auf der Packung steht: „trafilata al bronzo“.

Mein Freund, der Weinhändler, meinte letztens, diese rauen Nudeln seien typische Winternudeln. Ich hatte noch nie darüber nachgedacht, ob es so etwas wie Sommer- und Winternudeln gibt, aber er hat recht: Pasta aus der Bronze-Scheibe ist ideal für cremige, gemütliche Pasta-Rezepte, die gut zu einem Glas Rotwein am Kaminfeuer passen, während draußen die Schneeschaufeln knirschen. Auch der Käse soll schmecken und muss cremig schmelzen. Ist der Pecorino zu hart, also sehr lange gereift, schmilzt er nicht mehr richtig. Ist er zu jung, schmeckt er nach nichts. Eine Reifezeit von etwa 10 Monaten scheint mir passend. Und es muss Pecorino romano sein, nicht etwa Schafskäse von der Konkurrenz aus Sardinien, denn das Rezept stammt aus Rom. Da ist die italienische Nonna sehr streng. Schwarzer Pfeffer ist wichtig für den Feinschliff: gewöhnlicher oder gar vorgemahlener Pfeffer macht die Pasta vor allem scharf. Ein aromatischer Pfeffer gibt den Nudeln eine zusätzliche Dimension. Der einfachste Trick, um sofort eine Klasse besser zu kochen, ist oft ein guter schwarzer Pfeffer in der Mühle – bei Spaghetti cacio e pepe wird er noch wichtiger.

In der Küche geht dann alles darum, aus Kochwasser und Käse eine schöne Creme zu zaubern, dabei wird erstaunlich viel vom Kochwasser verbraucht. Zu Beginn weniger Kochwasser nehmen, damit die Pastastärke das Wasser im Topf gut binden kann. Auch weniger stark salzen, damit das Kochwasser beim Einkochen nicht zu salzig wird. Den geriebenen Käse mit heißem Kochwasser verrühren, gleich mit den Spaghetti vermengen, auf keinen Fall noch einmal aufkochen. Während der letzten Minuten werden die Spaghetti wie ein Risotto behandelt, der italienische Ausdruck dafür lautet „risottare la pasta“. Im Original ist kein Gemüse vorgesehen, ich finde, mit etwas Schwarzkohl schmecken Spaghetti cacio e pepe noch besser. Auch wenn die Nonna das vielleicht nicht gerne hört.

FÜR 4 PERSONEN

600 g Schwarzkohl (oder anderer Kohl)
1 Knoblauchzehe
1 Thymianzweig
Salz
2 EL Olivenöl
500 g Spaghetti (dicke Sorte mit rauer Oberfläche)
175 g geriebener Pecorino romano (10 Monate gereift)
12 g schwarze Pfefferkörner

● ○ ○

20 Minuten und 20 Minuten Garzeit

1 Kohlblätter waschen, dicke Mittelrippen herausschneiden, die Blätter in fingerbreite Streifen schneiden. Knoblauchzehe schälen und in Scheiben schneiden. Mit Kohl, Thymian und knapp 200 ml Wasser in einen breiten Topf mit Deckel geben, salzen und mit Olivenöl beträufeln. Bei großer Hitze 5 Minuten dünsten, zum Schluss soll fast keine Flüssigkeit mehr da sein.

2 Spaghetti in 2 l Wasser mit 10 g Salz (2 TL) 1–2 Minuten kürzer kochen als auf der Packung angegeben. Währenddessen den Käse reiben, in 2 Schüsseln verteilen. Pfefferkörner mörsern oder schroten, die Hälfte davon in einer Pfanne rösten, in die später auch die Nudeln passen. Sobald der Pfeffer duftet, mit knapp 100 ml Nudelwasser ablöschen.

3 Spaghetti mit einer Nudelzange aus dem Wasser heben, tropfnass zum Pfeffer geben, noch 100–150 ml Kochwasser zugeben und die Pasta bei mittlerer Hitze vorsichtig fertigkochen. Dabei oft schwenken oder mit einer Nudelzange bewegen, bis sich eine glatte Stärkecreme um die Nudeln bildet. Die Pasta soll nie trocken werden, immer wieder kleine Mengen Nudelwasser nachdosieren.

4 Gleichzeitig die Hälfte des Käses mit etwa 50 ml Nudelwasser glatt rühren. Sobald sich eine schöne Creme gebildet hat, restlichen Pecorino zugeben, wieder glatt rühren. 30 Sekunden bevor die Spaghetti perfekt gekocht sind, die Pfanne vom Herd nehmen, den Schwarzkohl auf die heiße Platte stellen und die Käsecreme zur Pasta geben und untermischen, bis alles von einer cremigen Schicht überzogen ist. Falls die Pasta zu trocken ist, noch ein wenig mehr Nudelwasser zugeben. Dann den Schwarzkohl untermischen. Mit restlichem Pfeffer abschmecken, auf Teller verteilen und sofort servieren.

Variante: Statt Schwarzkohl roh marinierte Artischocken untermischen, aufkochen und nochmal vorsichtig abschmecken.

SPAGHETTI CACIO E PEPE MIT SCHWARZKOHL S. 90

L NSEN-RISOTTO MIT MARINIERTEM FENCHEL S. 94

Linsen-Risotto mit mariniertem Fenchel

Gut und böse, heiß und kalt, hart und weich – durch Gegensätze können wir die Welt überhaupt erst in all ihren Facetten wahrnehmen. Ein traditionelles Risotto hingegen ist nur warm, weich und cremig – in einem Menü können ein paar Löffel cremiges Risotto eine Art Ruhepunkt bilden. Für ein Abendessen an einem kalten Wintertag gebe ich dem Reis aber lieber einen Kontrapunkt. Das weckt meine Sinne und erhöht den Genuss. Hier kommt knackiger Fenchel frischsäuerlich mariniert auf den fertigen Reis – es braucht nicht viel davon, sonst wird das Risotto zum Salat. Manchmal reicht auch schon ein wenig knusprige Hühnchenhaut, eine kräftige Prise Dukkah oder ein deutlicher aromatischer Kontrast mit einem Pesto oder Dip, um eine ähnliche Wirkung zu erzielen. Probieren Sie es aus und verwenden Sie den kleinen Trick auch für andere Gerichte, die einen Kick gebrauchen können.

FÜR 4 PERSONEN

2 Knoblauchzehen
1 Rosmarinzweig
1 getrocknete Chilischote
1 Bio-Orange
2 Fenchelknollen
Salz
Pfeffer
4 EL Olivenöl
optional: 1 kleine Handvoll Rosenkohl
1,5 l Brühe
150 g Risottoreis
150 g geschälte weiße oder rote Linsen
80 g geriebener Mimolette-Käse oder Parmesan

● ○ ○

15 Minuten und 20 Minuten Garzeit

1 Knoblauchzehen schälen, mit Rosmarinnadeln und Chilischote hacken. Die Orange waschen, abtrocknen und die Schale abreiben, den Saft auspressen. Die Stängelansätze und das Grün vom Fenchel abschneiden, das Grün ein paarmal durchschneiden. 1 Fenchelknolle in möglichst dünne Scheiben schneiden, mit Fenchelgrün, Orangenschale, ein paar Tropfen Orangensaft, Salz, Pfeffer und 2 EL Olivenöl marinieren. Die zweite Fenchelknolle würfeln. Rosenkohlstrünke abschneiden, die Blätter abziehen, zwischendurch den Strunk nochmal kürzer schneiden, dann geht es leichter.

2 Fenchelstängel in der Brühe aufkochen, dann warm halten.

3 Fenchelwürfel mit Rosmarin-Mischung und 2 EL Olivenöl 2 Minuten anbraten. Risottoreis und Linsen zugeben, unter Rühren noch 1 Minute rösten. Mit etwas Brühe ablöschen, den Rest nach und nach zum Risotto geben, dabei immer wieder sanft umrühren und darauf achten, dass die Fenchelstängel im Brühetopf bleiben. Nach 15 Minuten Rosenkohlblätter und Orangensaft unterrühren. Nach 18 Minuten sind die Linsen weitgehend zerfallen, der Reis ist bissfest. Risotto vom Herd nehmen, Käse unterrühren, sodass alle Reiskörner gleichmäßig von der cremigen Käse-Emulsion überzogen werden. Risotto abschmecken und anrichten, marinierten Fenchel darauf verteilen, sofort servieren.

Selleriemaultaschen in Pilzbrühe

Wie eine erstklassige Schauspielerin kann die Sellerieknolle sehr unterschiedlich wirken: Zwischen samtig-trüffeligem Glamour und der mit dem Buntmesser gemeuchelten Knolle des grässlichen Grauens in Essiglake ist alles möglich. Ich bevorzuge die samtigen Versionen. Voraussetzung für so ein Glamour-Püree ist ein ordentlicher Mixer, damit die Knolle auch wirklich sahnig-cremig wird und nicht grieselig bleibt. Die geschmackliche Kraft, die so ein Püree dank reichlich Umami im Sellerie entfalten kann, ist groß. Groß genug für einen eigenen Auftritt in einem charismatischen Gemüsegericht. Zum Beispiel in Maultaschen, selbstgemacht sind sie für mich ein großer Luxus. Sobald Sie die Selleriemaultaschen probiert haben, werden Sie sich mit mir wundern, warum die Variante nicht schon seit Jahren in allen schwäbischen Kochbüchern und Maultaschen-Gasthäusern propagiert wird. Jetzt haben Sie zumindest schon mal das Rezept.

FÜR 4 PERSONEN

NUDELTEIG

200 g Spätzlemehl (heißt auch Wiener Grießler oder Weizendunst)

Salz

2 Eier (M für die Nudelmaschine, L für das Nudelholz)

FÜLLUNG

400 g Knollensellerie (ca. 300 g netto)

3 EL Butter

Salz

200 g Lauch

100 g geriebener Parmesan

Pfeffer

Muskat

AUSSERDEM

2 Lauchzwiebeln oder 1 Bund Schnittlauch

2 EL getrocknete Pilze

500 ml Gemüsebrühe

2 EL Sojasauce

75 Minuten und 30 Minuten Ruhezeit

1 Mehl, eine kräftige Prise Salz und Eier zu einem festen, glatten Teig verkneten – am besten geht das, wenn alle Zutaten Zimmertemperatur haben. Teig in Folie wickeln und mindestens 30 Minuten ruhen lassen.

2 Sellerie schälen und 1 cm groß würfeln. Mit Butter und 100 ml Wasser in einem kleinen Topf mit Deckel 10 Minuten dünsten, dabei gleich zu Beginn leicht salzen (nicht zu viel, Parmesan ist auch salzig). Lauch längs vierteln, waschen und dann quer in feine Streifen schneiden, zum Sellerie geben und noch 7 Minuten weiter dünsten, bis das Gemüse weich ist und keine Flüssigkeit mehr im Topf bleibt. Vom Herd nehmen und ohne Deckel ein paar Minuten ausdampfen und abkühlen lassen. Dann in einem Blitzhacker oder Hochleistungsmixer superfein pürieren. Parmesan unterrühren und mit Pfeffer und Muskat abschmecken.

3 Nudelteig zu langen schmalen Rechtecken ausrollen (geht am einfachsten mit einer Nudelmaschine). Mit der Maschine auf die zweitdünnste Stufe ausrollen, mit dem Nudelholz einfach so dünn wie möglich. In beiden Fällen den Teig mit etwas Mehl bestäuben, damit er nicht klebt. Füllung etwa 5 mm dick auf dem Teig verstreichen, an den langen Rändern jeweils einen 2–3 cm breiten Streifen frei lassen (besonders schnell und gleichmäßig lässt sich die Füllung verteilen, wenn man sie mit einem Spritzbeutel mit großer Tülle auf den Teig spritzt und dann glatt streicht). Den weiter entfernten freien Teigstreifen mit wenig Wasser bepinseln. Teigbahn von der Längsseite her zweimal umklappen, sodass anschließend die Teignaht unter der Teigrolle liegt.

4 Mit einem Kochlöffelstiel im Abstand von 5 cm flachdrücken, durchschneiden. Maultaschen in schwach siedendem Salzwasser 6–8 Minuten in einer großen Pfanne oder in einem breiten Topf kochen. Lauchzwiebeln putzen und in feine Ringe schneiden. Pilze hacken oder zerbröseln und mit dem hellen Teil der Lauchzwiebeln und der Brühe aufkochen, ein paar Minuten ziehen lassen, mit Sojasauce abschmecken. (Manche kochen die Maultaschen auch direkt in der Brühe, dafür muss es etwa die doppelte Menge Brühe sein). Maultaschen herausheben, in tiefe Teller verteilen, Brühe angießen, mit restlichen Lauchzwiebeln bestreuen.

Tipp

Gekochte Maultaschen lassen sich sehr gut einfrieren.

SELLERIEMAULTASCHEN IN PILZBRÜHE S. 97

Parmesansuppe mit Zitrone, fermentiertem Tofu und geriebenen Nudeln

Ein neues Wundermittel! Aus dem Asienladen um die Ecke! Dafür müssen keine seltenen Tiere sterben, es handelt sich um fermentierten Tofu. Tatsächlich lässt man feste Tofuwürfel zwei bis drei Tage schimmeln, bis die Farbe ins Orangene geht, die Oberfläche zarten Flaum entwickelt und der Tofu ein bisschen stinkt. So sagt man zumindest, ich kenne nur das fertige Produkt, und das schmeckt würzig, aber angenehm und löst sich beim Umrühren auf in cremiges Wohlgefallen. Zwischen der Stinkephase und dem fertigen Produkt liegen einige Wochen in einer relativ salzigen Lake mit einem ordentlichen Schuss Reiswein. Das dürfte der Schlüssel sein für die Verwandlung von eigentlich eher langweiligem Tofu in einen wunderbaren natürlichen Geschmacksverstärker.

FÜR 4 PERSONEN

SUPPEN-NUDELN

2 Eier (M)
½ TL Salz
Muskat
200 g doppelgriffiges Mehl (Wiener Grießler oder Spätzlemehl)

AUSSERDEM

80 g Parmesan und, falls vorhanden, etwas Bio-Parmesanrinde
500 g Wirsing
2 Zwiebeln
1 Tomate
2 EL Olivenöl
ca. 220 g gekochte Bohnen aus Dose/Glas
3 Lorbeerblätter
2–3 EL chinesischer fermentierter Tofu*
1 Bio-Zitrone

* Die Chilivariante, es gibt sie im Asienladen im Glas, die Bezeichnung ist nicht immer eindeutig, eine Zutat, an der man sie erkennen kann, ist der Reiswein.

35 Minuten und 30 Minuten Ruhezeit

1 Eier mit Salz und einer kräftigen Prise Muskat verquirlen. Mit dem Mehl zu einem glatten, festen Nudelteig verkneten. Den Teig zudecken und 30 Minuten ruhen lassen.

2 In der Zwischenzeit den Parmesan reiben. Wirsing waschen, dicke Blattrippen herausschneiden, die Blätter in schmale Streifen schneiden. Zwiebeln schälen, halbieren und in Streifen schneiden. Die Tomate würfeln.

3 Zwiebeln und Wirsing im Öl 2–3 Minuten hell anbraten. Dann Tomate, Bohnen mit der Kochflüssigkeit, ggf. Parmesanrinde und Lorbeerblätter zugeben, mit 100 ml Wasser aufgießen. Zugedeckt 10 Minuten mehr dünsten als kochen. Insgesamt etwa 500 ml (heißes) Wasser nach und nach dazugeben. Vorsichtig würzen, sowohl Parmesan als auch Tofu sind schon gesalzen.

4 Für die Nudeln ein Tablett oder ein Backblech mit Mehl bestäuben, den Teig mit einer Kastenreibe daraufraspeln. Dabei entstehen ganz kurze Nudeln. Die geriebenen Nudeln in kochendem Salzwasser etwa 4 Minuten bissfest kochen, abgießen.

5 Die Suppe vom Herd nehmen. Tofu mit dem Chiliöl cremig verrühren, dann 2–3 EL davon unter die Suppe rühren. Zwei Drittel vom Parmesan zugeben, kurz stehen lassen. Zitronenschale fein abreiben, mit den Nudeln in die Suppe geben, ein paar Spritzer Zitronensaft zugeben, abschmecken, vorsichtig mischen. In Schalen oder tiefen Tellern servieren und mit Parmesan bestreuen.

Tipp

Falls die Suppe länger steht, saugen die Nudeln viel Flüssigkeit auf – also am besten gleich servieren oder notfalls noch etwas Wasser zugeben, aufkochen und nochmal vorsichtig abschmecken.

PARMESANSUPPE MIT ZITRONE, FERMENTIERTEM TOFU UND GERIEBENEN NUDELN S. 100

BOLOGNESE IM GLAS EINKOCHEN S. 104

Bolognese im Glas einkochen

Die einfachste und sicherste Methode, Pastasaucen oder Gulasch (S. 119) zu konservieren, ist, sie portionsweise einzufrieren. Aber irgendwann ist jedes Tiefkühlfach voll, Kühlen verbraucht außerdem wertvolle Energie. Ganz anders als Gläser voller eingekochter Köstlichkeiten, die ohne Kühlung im Keller monatelang haltbar bleiben. Sehr einfach klappt das mit säuerlichen Gemüsezubereitungen, zum Beispiel Tomatensauce (S. 78). Davon können Sie eine größere Menge kochen, heiß in Schraubdeckelgläser füllen, in einen Topf mit heißem Wasser stellen und dann 20 Minuten kochend sterilisieren – die fertige Sauce hält sich praktisch unbegrenzt.

Saucen mit wenig Säure oder mit Fleisch kann man auf dieselbe Weise sterilisieren, doch es gilt, ein paar Dinge zu beachten. Denn eine schlecht gemachte Konserve kann lebensgefährliche Vergiftungen auslösen. Wenn Sie Rouladen, Gulasch oder Bratenstücke in ihrer jeweiligen Sauce einkochen, müssen Sie die Sauce etwas flüssiger lassen, denn im Glas kocht sie noch weiter ein. Diese Fleischgerichte sollen vor dem Einfüllen in Dosen oder Gläser knapp durchgegart sein, die Einkochzeit beträgt dann 60 Minuten für das Ragù, nach 1–2 Tagen bitte noch einmal 60 Minuten einkochen. So vermeiden Sie seltene, aber gefährliche Vergiftungen durch das Botulinus-Bakterium. Die Sporen des Bakteriums sind sehr hitzebeständig und keimen evtl. nach dem ersten Einkochen im Glas aus, beim zweiten Kochvorgang werden die gekeimten Restsporen zuverlässig zerstört. Wenn Sie Gulasch oder Bolognese dann verwenden, trotzdem vorsichtshalber ein paar Minuten köcheln lassen.

Zum Sterilisieren der gefüllten Einmachgläser ein gefaltetes Küchentuch in einen großen Topf legen (damit beim Kochen keine Gläser kaputt gehen), die Gläser hineinsetzen. Sie können die Gläser auch übereinander in den Topf stellen, durch Schraubdeckel dringt kein Wasser ein. Den Topf bis knapp über den Rand des obersten Glases mit Wasser füllen – für heiße Gläser mit heißem Wasser, für kalte Gläser mit kaltem Wasser. Die Gläser beschweren, zum Beispiel mit einem kleineren Topfdeckel. Aufkochen, sobald es sichtbar auch im Glas kocht (!), beginnt die Kochzeit. Die fertigen Gläser mit einem Sieblöffel aus dem Topf heben, auf ein Gitter stellen und auskühlen lassen. Kontrollieren, ob alle Deckel gut schließen, offene Gläser kühl stellen und schnell verbrauchen. Falls sich der Deckel eines Glases während der Lagerung irgendwann lockert oder nach außen wölbt, den Inhalt wegwerfen.

FÜR 10–12 PERSONEN
100 g Zwiebeln
100 g Karotten
100 g Staudensellerie
5 Knoblauchzehen
100 g Pancettaspeck oder geräucherter Bauchspeck
je 2 Zweige Rosmarin, Salbei und Thymian
4–6 EL Olivenöl
1 kg Hackfleisch nach Wahl
250 ml Rotwein
Salz
Pfeffer
1,5 kg geschälte Tomaten (frisch oder aus der Dose)

●●○

1 Stunde, 90 Minuten Garzeiten und zweimal 1 Stunde zum Sterilisieren

1 Gemüse und Knoblauch schälen und klein würfeln, den Speck hacken. Kräuter waschen, trockenschütteln, zupfen und grob hacken.

2 Etwas Olivenöl in einer großen Pfanne erhitzen, das Fleisch in 3–4 Portionen bei größter Hitze unter Rühren braten, bis es krümelig wird und beginnt braun zu werden, das dauert jeweils 6–8 Minuten. In den ersten Minuten jeweils nicht umrühren! In die letzte Pfanne kurz bevor das Fleisch fertig ist Kräuter, Gemüse und Knoblauch geben und 1 Minute mitbraten. Mit etwas Rotwein ablöschen, um den Bratensatz zu lösen. Alle angebratenen Zutaten in einen Topf geben, den Wein vollständig einkochen, nach und nach den restlichen Wein zugeben, immer wieder einkochen. Sobald der Wein verbraucht ist, mit Salz und Pfeffer würzen, 500 ml Wasser und die Tomaten dazugeben und zugedeckt auf kleiner Flamme 1 Stunde schmoren.

3 Die fertige Sauce nicht zu kräftig abschmecken, sie wird beim Einkochen noch etwas weiter konzentriert. Heiß in Einmachgläser füllen. 1 Stunde einkochen, abkühlen, Deckel kontrollieren. Nach 24–48 Stunden noch einmal 1 Stunde einkochen.

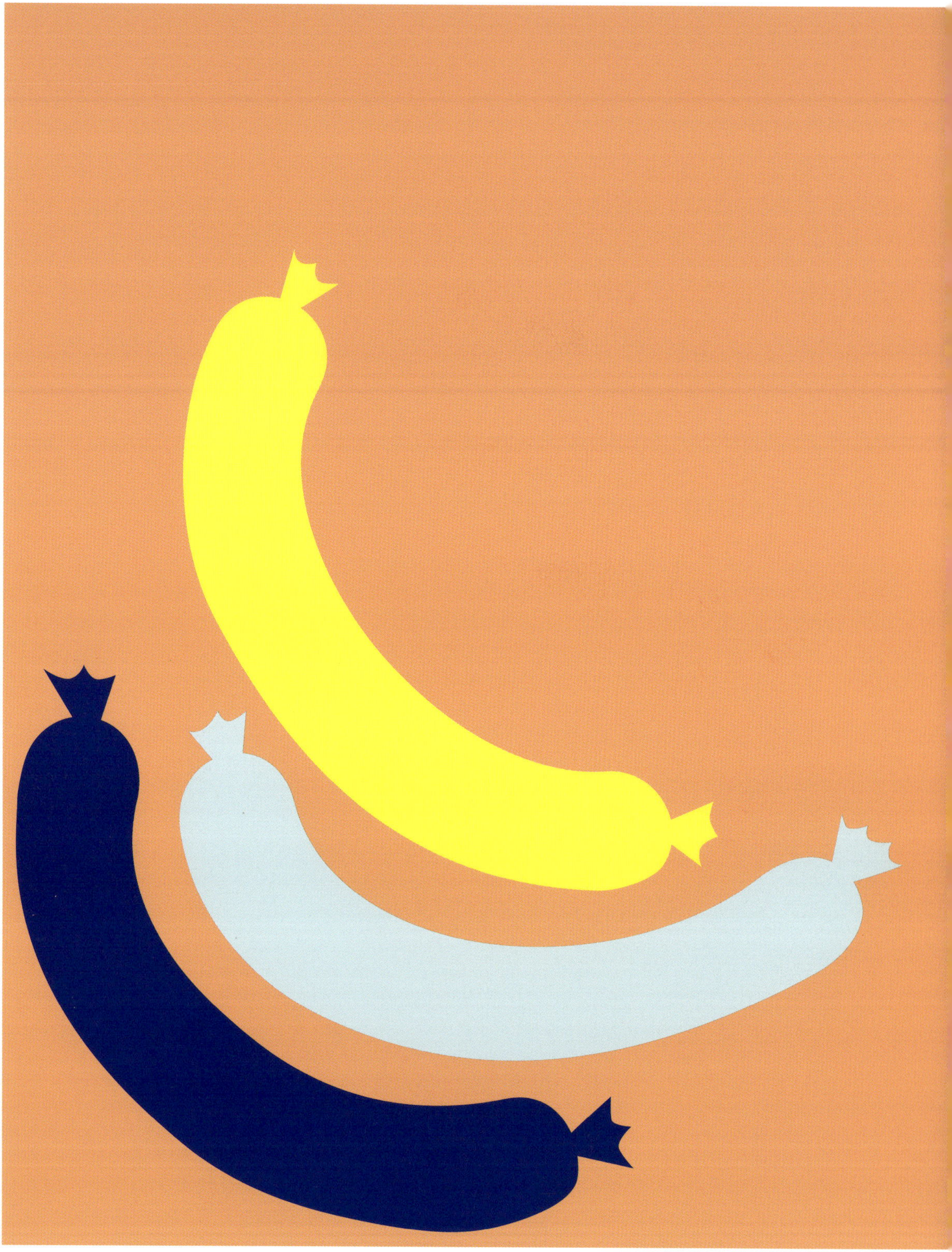

Fleisch

Wenig, aber besser, das ist hier das Motto. Dabei sollen alle, die gerne Fleisch essen, ruhig auch mal selber wursten – das ist sehr befriedigend, ähnlich wie einen Apfelbaum zu pflanzen. Mehr Projekt als Rezept. Außerdem in diesem Kapitel: die knusprigsten Tacos, die saftigsten Rouladen und die am besten gewürzten Spareribs.

Rinderrouladen

Jahrzehntelang bildeten Kochzeitschriften gerne Rouladen auf ihren Titelseiten ab, um risikolos hohe Auflagen zu erreichen – mehr Mainstream ging nicht. Rouladen als Covergirls scheinen mir jedoch immer seltener zu werden und auch die analoge Rinderroulade findet sich inzwischen häufiger in Kantinen als auf dem Familientisch. Das ist schade, denn aufmerksam zubereitet gehört das klassische Gericht zu den großen Genüssen aus dem Schmortopf. Und daheim klappt es meist besser als in der Kantine. Worauf kommt es an? Gut gereiftes Fleisch von glücklichen Bio-Rindern ist schon mal eine gute Voraussetzung. In der Küche muss dann die Temperatur zum Anbraten heiß genug sein, damit die Rouladen nicht anfangen zu dünsten. Sie darf aber auch nicht zu hoch sein, „scharf anbraten" wäre falsch (wie übrigens fast immer). Das gemütlich brutzelnde Geräusch in Pfanne oder Schmortopf ist der beste Anzeiger für die richtige Temperatur. Zum Schmoren soll der Topf möglichst eng mit Rouladen gefüllt sein, zum Anbraten brauchen sie etwas Platz. Also lieber in zwei Portionen anbraten und erst zum Schmoren alle Rouladen gemeinsam in den Topf geben.

FÜR 4–6 PERSONEN (6 ROULADEN)

75 g trockene Breze oder trockenes Weißbrot

75 g Räucherspeck

5 EL Schweine- oder Butterschmalz

3 Zwiebeln

1 Bund Petersilie

6 größere Cornichons oder 2 Gewürzgurken

1 Bund Suppengrün (oder 1 Bund Petersilie, 1 Karotte, 100 g Knollensellerie, 100 g Lauch)

6 dünne Rindfleischscheiben aus der Keule (je 150–175 g)

Salz

Pfeffer

6 TL Dijonsenf

2 EL Mehl

100 g passierte Tomaten

1 EL Quittengelee

2 EL Balsamessig (nach Belieben)

150 ml Rotwein (oder Wasser)

1 Lorbeerblatt

●●○

35 Minuten und knapp 2 Stunden Garzeiten

1 Breze oder Brot im Blitzhacker grob zerbröseln. Speck in feine Streifen schneiden und in einer Pfanne mit 2 EL Schmalz bei mittlerer Hitze knusprig braun auslassen, dann herausheben. Die Brezenbrösel im Speckfett goldbraun braten, dann mit dem Speck in einer Schüssel mischen. 2 Zwiebeln abziehen, fein würfeln und in 1 EL Schmalz glasig dünsten. Die Petersilie zupfen, hacken und zu den Zwiebeln geben. Umrühren, vom Herd nehmen und unter die Speckbrösel mischen. Cornichons ganz lassen, Gewürzgurken längs vierteln.

2 Die dritte Zwiebel etwa 1 cm groß würfeln. Suppengrün waschen, dafür den Lauch längs halbieren. Karotte und Sellerie schälen, zusammen etwa 1 cm groß würfeln. Lauchhälften noch einmal längs halbieren und dann quer in 1 cm breite Streifen schneiden.

3 Rindfleischscheiben zwischen 2 Stücken Wachs- oder Backpapier mit der Faust oder einem kleinen Stieltopf sanft, aber bestimmt klopfen. Danach sollen die Rouladen etwa 3 mm dick sein. Mit Salz und Pfeffer würzen, dünn mit Senf bestreichen, mit den Bröseln bestreuen, Gurken auflegen und einrollen. Die langen Ränder ein wenig nach innen falten, mit den Gurken als Kern eng einrollen. Mit Rouladennadeln fixieren oder mit Küchengarn binden.

4 Rouladen mit Mehl bestäuben, mit 1 EL Schmalz in einem Schmortopf oder einer Pfanne rundherum anbraten. Aus dem Topf nehmen, noch 1 EL Schmalz zugeben, das Wurzelgemüse und die Zwiebel 5 Minuten hellbraun anbraten. Tomaten zugeben, noch 1 Minute rösten. Quittengelee zugeben und mit Balsamessig und Rotwein ablöschen. Die Rouladen wieder in den Topf legen. Mit etwa 200 ml Wasser aufgießen, sodass die Rouladen nicht ganz von Flüssigkeit bedeckt sind. Das Lorbeerblatt in die Sauce legen. Die Rouladen zugedeckt etwa 1,5 Stunden bei kleiner Hitze schmoren, dabei ab und zu behutsam wenden und nach und nach noch etwa 200 ml heißes Wasser zugeben.

5 Die fertigen Rouladen aus der Sauce heben. Sauce, wenn gewünscht, durch ein feines Sieb in einen zweiten Topf gießen, mit einem Löffel leicht auf das Gemüse im Sieb drücken. Wer will, streicht das Gemüse auch mit durch das Sieb, um die Sauce zusätzlich zu binden. In jedem Fall die Sauce noch einmal aufkochen, abschmecken und mit den Rouladen servieren.

RINDERROULADEN S. 108

GROBE GRILLER S. 113

Selber wursten – grobe Griller

Jennifer-Lilli, Maria-Lara und ich sind ein beliebtes Ziel für Spott in meiner Familie, denn die beiden Damen mit den Doppel-Namen sind ein Roggen- und ein Dinkel-Sauerteig. Sie sind kapriziös, insbesondere bestehen sie auf sehr regelmäßigen Mahlzeiten. Wenn ich zum Beispiel spät aus dem Fotostudio komme, füttere ich erst die Teige und begrüße dann meine Familie. Seit Jahren backe ich regelmäßig Sauerteigbrot, doch bis vor Kurzem galt es als nerdige Außenseiterbeschäftigung, Sauerteig zu füttern – selbst unter Menschen, die viel und gerne kochen. Plötzlich scheint es jedoch ganz normal zu sein. Ähnliches gilt für alles, was mit Gemüsezucht zu tun hat. Dabei braucht es einen ordentlichen Gemüsegarten und einige Säcke Getreide im Keller für eine ernsthafte Vorsorge für Notsituationen. Wahrscheinlich geht es mehr um das haptische Erlebnis in virtuellen Zeiten: Wer Teig knetet oder Salat pflanzt, fühlt das echte Leben. Tastzellen in der Haut melden dem Gehirn: Der Teig ist feucht. Oder: Die Erde ist trocken. Tu etwas.

Selber wursten ist ein vergleichbar archaisches Erlebnis. Wer seine Bratwurst selber füllt, kann außerdem dafür sorgen, dass wirklich nur gute Zutaten in die Masse kommen. Dabei ist Wursten viel einfacher als Brot backen oder Gemüse züchten. Zwei Hürden gibt es trotzdem: Da ist einmal die Frage, wie ich das Brät, also die Hackfleischmasse, in die Hülle fülle. Dafür braucht es entweder ein Wurst-Füllhorn als Zubehör für einen Fleischwolf oder eine kleine Wurstmaschine. Die sind nicht teuer. Alternativ können Sie meine Grundmasse für den ersten Versuch auch einfach mit feuchten Händen zu Würsten rollen, ganz ohne Hülle. So lassen sie sich genauso gut grillen oder braten. Problem Nummer zwei: Wer hat schon einen Fleischwolf? Der freundliche Metzger hat einen und meist lässt er Fleisch und Speck gerne für Sie durch das Gerät. Wer es alternativ mit Messern probieren will, sollte ein solides Hackbrett benutzen, Geduld mitbringen und zwei große, schwere, scharfe Messer gleichzeitig verwenden und dabei an Lucky Luke denken – den Mann mit den zwei Colts.

FÜR 30–40 GROBE GRILLER

ca. 20 m Bratwurst-Saitling (Naturdarm mit 18-20 mm Durchmesser, den Metzger fragen oder online bestellen)

200 g Zwiebeln

20 g junge Knoblauchzehen

2-3 Rosmarinzweige

20 g Fenchelsamen

1 getrocknete Chilischote (oder mehr)

3 EL Olivenöl

26 g Salz

100 ml Weißwein

1200 g Schweinefleisch aus der Schulter (eher fett, z.B. Schwäbisch-Hällisches Schwein)

150 g roher Schweinebauch

150 g geräucherter Bauchspeck

● ● ○

1,5 Stunden

1 Naturdarm für ein paar Minuten in lauwarmes Wasser legen, damit er geschmeidig wird. Zwiebeln klein würfeln, Knoblauch schälen und mit Rosmarinnadeln, Fenchel und Chili hacken. Zwiebeln im Olivenöl 3 Minuten dünsten. Würzmischung und Salz zugeben. Mit Weißwein ablöschen, vollständig einkochen, vom Herd nehmen und vollständig abkühlen (am besten im Gefrierfach anfrieren).

2 Schweinefleisch, Schweinebauch und Speck in möglichst dünne Streifen schneiden, quer würfeln und dann mit der Zwiebelmischung möglichst fein hacken oder das Fleisch durch die 8-mm-Scheibe und den Speck durch die feine Scheibe des Fleischwolfs drehen und dann mit der Zwiebelmischung gut vermischen. Mindestens 30 Minuten im Gefrierfach kühlen. Kalt noch einmal gründlich durchkneten, bis die Masse bindet – das fühlt man ziemlich deutlich (gewolftes Hack etwa 10 Minuten in der Küchenmaschine kneten, handgeschnittenes nur kurz durchkneten).

3 Den Wurststopfer für Bratwurst (kleiner Durchmesser) an Wurstmaschine oder Fleischwolf ansetzen. Jeweils ca. 2–3 m Wursthülle auf die Tülle schieben. Würste stopfen und abdrehen – etwa 10 cm lang. Bis zum Gebrauch kühl stellen, dabei kann die Oberfläche leicht abtrocknen (Würste aber auf jeden Fall am selben Tag noch garen oder einfrieren). Würste bei mittlerer Hitze von beiden Seiten je 4–5 Minuten grillen.

Tipp: Wer mag, mischt zusätzlich 200 g gekochte, gehackte, abgekühlte Schweineschwarte unter die Masse, das macht die Wurst noch saftiger.

Scalopine al limone – Kalbsschnitzelchen mit Zitrone

Das Geheimnis ist hier die Zitronensauce, erfrischend, würzig und sämig soll sie sein, aber nicht zu dick. Wer das Rezept ein paar Mal gekocht hat, wird nicht mehr davon loskommen, denn es ist sehr einfach und doch raffiniert.

FÜR 4 PERSONEN

1 Bio-Zitrone
1 kleine Salzzitrone
8 dünne (!) Kalbsschnitzel à ca. 80 g
2 Knoblauchzehen
½ Bund Salbei
4 EL Olivenöl
Pfeffer
4 EL Weißwein
100 ml Brühe
1 EL geröstetes Mehl*

* Mehlschwitze ist zu Recht aus der Mode gekommen, denn jahrzehntelang wurden nicht nur wunderbare Gemüse in dicker Mehlpampe ertränkt. Doch Sahnesaucen sind genauso unverträglich, was also tun? Eine Möglichkeit ist die feine Mehlbindung. Dafür 100 g Mehl unter ständigem Rühren 8 Minuten bei mittlerer Hitze in einer Pfanne rösten. Vom Herd nehmen, mit 1 EL Olivenöl verkrümeln und in ein Glas füllen, dunkel aufbewahren. Bei Bedarf etwas geröstetes Mehl in eine Sauce rühren, kurz kochen lassen – fertig.

● ○ ○
30 Minuten

1 Zitrone heiß waschen, 1–2 EL Zitronenschale fein abreiben, den Rest der Schale mit einem scharfen Messer so abschälen, dass auch die darunterliegende weiße Haut entfernt wird. Zitrusfruchtfleisch um das flaumige Innere herum in Scheiben abschneiden, klein würfeln. Salzzitrone in sehr dünne Scheiben schneiden.

2 Schnitzel aus der Keule leicht klopfen, aus dem Rücken oder Filet nur „glattstreichen". Mit Salzzitrone belegen, zusammenklappen, mit einem Holzspießchen feststecken. Knoblauchzehen leicht quetschen, Salbeiblätter zupfen, zusammen in einer beschichteten Pfanne im Olivenöl knusprig braten. Die Blätter aus der Pfanne heben, auf Küchenpapier abtropfen lassen. Die Kalbsschnitzel separat grillen oder im Salbei-Öl bei größter Hitze von beiden Seiten je 1 Minute braten, in beiden Fällen erst zum Schluss salzen und pfeffern.

3 Ob mit oder ohne Schnitzel: Pfanne mit Weißwein ablöschen, einmal ordentlich aufkochen lassen. Brühe in die Pfanne geben, geröstetes Mehl einrühren und 2–3 Minuten köcheln lassen, mit Salz und Pfeffer abschmecken, Zitronenwürfel zugeben. Kalbsschnitzelchen und Zitronensauce anrichten. Mit dem knusprigen Salbei und Salzzitrone garnieren.

Die besten Spareribs: slow Kotelettrippchen

In Europa werden Spareribs meist aus den Bauchrippen geschnitten, amerikanische BBQ-Freund*innen schätzen ein zweites Rippenstück noch mehr: die sogenannten „baby back ribs", die deutsche Übersetzung ist Kotelettrippchen. Sie sind fleischig und schön marmoriert statt von dicken Fettschichten bedeckt zu sein wie Bauchrippen. Fragen Sie danach! Meiner Erfahrung nach freuen sich gute Metzger*-innen über erfüllbare Sonderwünsche, denn die sind ihre Überlebensgarantie im Wettbewerb mit den Supermärkten. Kotelettrippen gibt es auch vom Kalb, die machen sich auf dem Grill ebenfalls sehr gut. Sie schmecken milder und sind etwas schneller gar als Schweinerippchen. So oder so ist das Geheimnis der meisten guten Rezepte für Rippchen eine niedrige Gartemperatur. Mit der feinen Marinade und dem perfekten Rippenstück waren meine Rippchen wenige Minuten nach dem letzten Foto aufgegessen.

FÜR 4 PERSONEN

2 Bio-Orangen (für 200 ml Saft)
4 Chilischoten
4 cm Ingwerwurzel
10 Pimentkörner
3 Lorbeerblätter
400 ml Rapsöl
ca. 2 kg Kotelettrippchen
200 ml BBQ-Sauce, z.B. Ssamjang-Sauce*
Salz

* Ssamjang-Sauce: 100 g koreanische Misopaste (Doenjang), 2–3 EL koreanische Chilipaste (Gochujang), 2 EL Rotwein- oder Sherryessig und 3 EL neutrales Öl verrühren. Hält sich wochenlang im Kühlschrank.

20 Minuten, 1–2 Tage Ruhezeit und 3 Stunden Garzeit

1 Orangen heiß waschen, mit einem Sparschäler die Schalen dünn abschälen. Chilis in Ringe schneiden, den Ingwer in dünne Scheiben schneiden. Die Pimentkörner quetschen. Die vorbereiteten Zutaten mit Lorbeer und Rapsöl mischen. Rippchen rundherum salzen und mit der Marinade in einem verschließbaren Gefrierbeutel 1–2 Tage kühl ziehen lassen.

2 Am Zubereitungstag ein tiefes Blech im Backofen auf 100 Grad Umluft erhitzen. Die Rippchen mit der Fleischseite nach unten darauflegen, 3 Stunden garen, dabei ab und zu mit dem Gewürzöl bepinseln.

3 Die fertigen Sparerlbs schmecken jetzt schon sehr gut, kurz gegrillt dann noch besser. Also den Grill anheizen. Die Rippchen aus dem Ofen nehmen, gut abtropfen lassen und auf dem sehr heißen Grill von beiden Seiten jeweils 2–3 Minuten bräunen. Mit BBQ-Sauce dünn bestreichen und kurz auf dem Grill glasieren. Mit BBQ-Sauce servieren.

Tipp: Niedertemperatur grillen. Wer einen Grill besitzt, dessen Temperatur man gut steuern kann, muss die Rippchen nicht im Ofen garen. Wichtig: Rippchen gut abtropfen und auf dem Rost neben der Glut indirekt grillen, sodass kein Öl in die Glut tropft. Ab und zu mit Marinade bepinseln.

Gulasch einkochen im Glas

FÜR 10–12 PERSONEN
2 kg Rinderwade oder Rinderschulter
1,6 kg Zwiebeln
4 Knoblauchzehen
2 TL Kümmel
100 g Schweine- oder Butterschmalz
4 EL Rotweinessig
2 TL getrockneter Majoran
5 EL Paprikapulver (edelsüß)
Salz
Pfeffer

●●○

45 Minuten, 3 Stunden Garzeit und zweimal 1 Stunde Sterilisierzeit

1 Rindfleisch mit der Faser in Streifen mit 3–4 cm Durchmesser, dann quer dazu in kleinfingerdicke Scheiben schneiden. Zwiebeln und Knoblauch schälen. Zwiebeln halbieren und in dünne Scheiben schneiden. Knoblauch mit Kümmel fein hacken.

2 Schmalz in einem schweren Topf erhitzen, Zwiebeln bei großer Hitze 5 Minuten goldbraun braten, oft umrühren. Essig mit 250 ml Wasser mischen. Paprikapulver und Majoran mit den Zwiebeln verrühren. Sofort mit etwas Essigwasser ablöschen. Fleisch zugeben, mit Salz und Pfeffer würzen und fast ganz zugedeckt bei sehr schwacher Hitze 2–3 Stunden dünsten.

3 Die Flüssigkeit immer wieder fast vollständig einkochen lassen und mit wenig Essigwasser aufgießen. Am Ende der Garzeit das Gulasch ganz knapp mit heißem Wasser bedecken und noch einmal 10 Minuten bei schwacher Hitze kochen lassen – oder zum Einkochen nur noch einmal aufkochen lassen, dann in Schraubdeckelgläser füllen und 75 Minuten sterilisieren, abkühlen, Deckel kontrollieren. Nach 24–48 Stunden noch einmal 1 Stunde einkochen (warum das zweimalige Sterilisieren wichtig ist und wie man am besten einkocht, steht auf S. 104).

Maistortillas mit crunchy Huhn und Krautsalat

FÜR 10–12 MAISTORTILLAS

1 kg Hühnerstücke mit Haut, am besten Flügel, Keulen, Reststückchen

Salz

3 EL Olivenöl

2 Knoblauchzehen

1 Handvoll Koriander, am besten mit Wurzeln

FÜLLUNG

500 g Spitzkohl

3 Frühlingszwiebeln

Salz

3 EL (Rotwein-)Essig

150 g gekochte Bohnen aus Dose oder Glas

Pfeffer

2 Pfirsiche (nicht zu reif)

4 EL BBQ-Sauce

Chiliflocken

AUSSERDEM

10–12 Maistortillas mit 12–14 cm Durchmesser

●●○

45 Minuten und 45 Minuten Garzeiten

1 Die Knochen aus den Hühnerkeulen herausschneiden. Das muss nicht besonders elegant aussehen, am Ende brauchen wir aus jeder Keule etwa 4 Stücke. Mit den Flügeln salzen und mit dem Olivenöl in einer passenden Pfanne auf der Hautseite bei mittlerer Hitze ganz langsam knusprig braten – dabei hilft es, wenn ein Spritzschutz auf der Pfanne liegt und auf dem Spritzschutz ein Deckel, der einen größeren Spalt offenlässt. Nach etwa 25 Minuten sollten die Stücke knusprig und dunkelgolden braun sein. Umdrehen, Knoblauch zugeben und ohne Deckel noch 10 Minuten fertig braten.

2 Während das Huhn brät, den Krautsalat vorbereiten: Spitzkohl in feine Streifen schneiden, Frühlingszwiebeln putzen und in Ringe schneiden. Beides salzen und mit Essig marinieren, sanft kneten. Bohnen mit ein paar Löffeln von ihrer Kochflüssigkeit cremig mixen, mit Salz und Pfeffer würzen. Pfirsiche vom Stein lösen und in Spalten schneiden.

3 Koriander ein paarmal durchschneiden, mit Wurzeln und Stielen kurz mit dem Hühnchen braten. Zusammen aus der Pfanne nehmen, die Knochen aus den Flügeln schneiden oder ziehen, das Fleisch ein paarmal durchschneiden. Das Hühnerfett durch ein feines Sieb gießen und zum Krautsalat geben.

4 Tortillas nacheinander in einer schweren Pfanne erhitzen. Warm halten, bis alle fertig sind, oder immer gleich füllen und genießen, sobald eine Tortilla frisch aus der Pfanne kommt. Tortillas mit Krautsalat, Pfirsich, Bohnencreme und Huhn füllen, mit etwas BBQ-Sauce und Chiliflocken würzen.

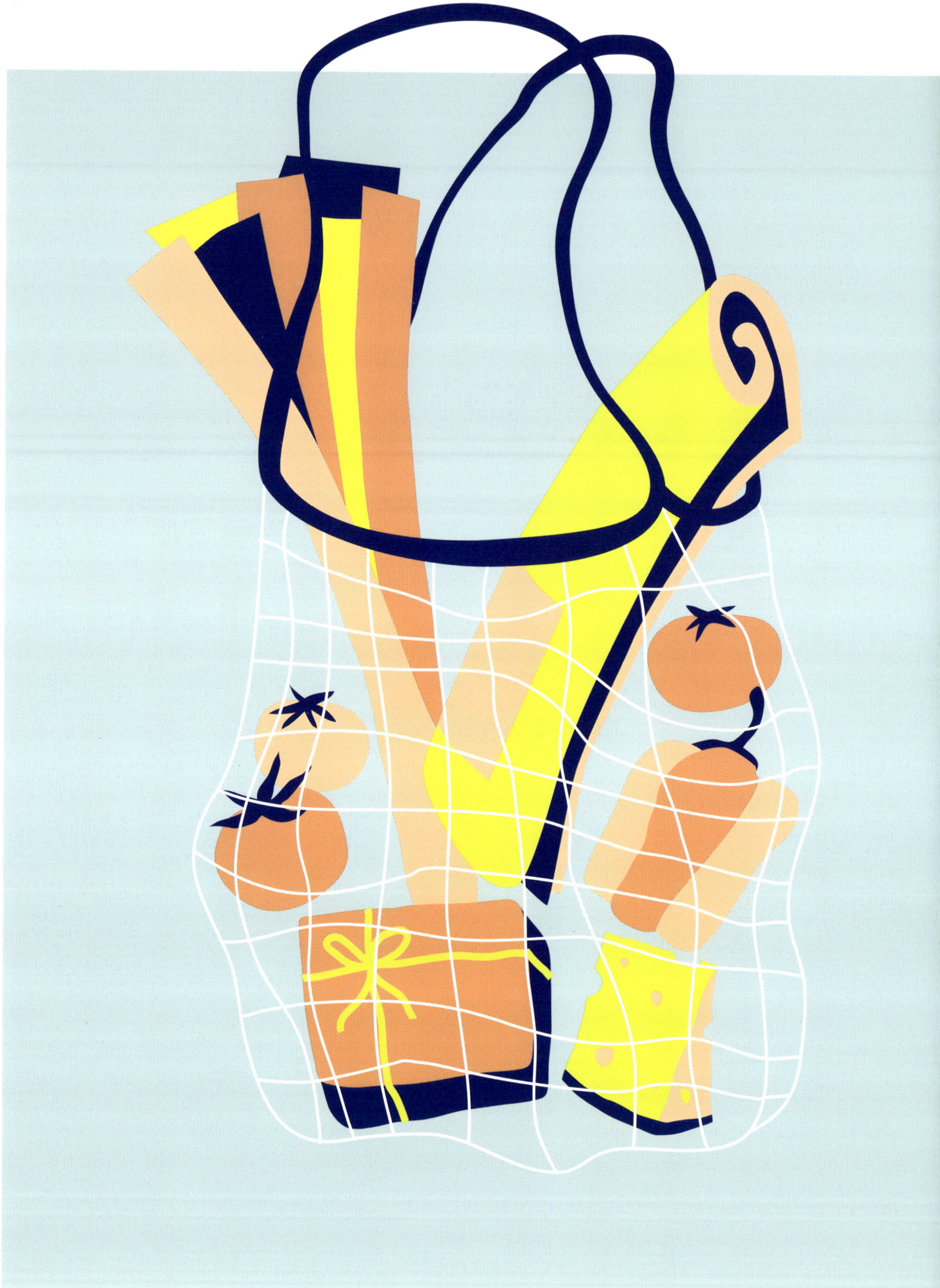

Gemüse

Fein ausgedachte Gemüsegerichte bilden den Kern der Probier-doch-mal-Kolumne. Die meisten Rezepte in diesem Kapitel sind gleichzeitig einfach und doch raffiniert. Gut geeignet für den Feierabend nach der Arbeit – aber auch, um Freund*innen am Wochenende einzuladen. Focaccia di Monaco, Zucchini-Rösti, Kartoffelschalenchips oder Mangoldpflanzerl werden Ihr Leben glücklicher machen.

Farinata-Crêpes revisited

Farinata ist eine Art dicker Pfannkuchen aus Kichererbsenmehl, eine Spezialität aus Ligurien – glutenfrei, sehr aromatisch und gut geeignet für lange Koch-Abende mit Freund*innen, ähnlich wie Fondue oder Raclette. Mit den Resten vom Farinata-Teig habe ich eher zufällig immer wieder mal ganz dünne Pfannkuchen gebacken, eher Crêpes als richtige Pfannkuchen – und die schmecken mir noch viel besser. Darum hier meine neue Version: Der Teig ist einen Hauch dicker und die Crêpes sind viel dünner als das italienische Original. Für beide Rezepte eignet sich das Mehl aus rohen Kichererbsen, mit Mehl aus gerösteten Kichererbsen bindet der Teig nicht. Die Füllung können Sie nach Lust, Laune und Jahreszeit variieren, wobei die beschriebene Lauchcreme bei uns in der Versuchsküche extrem gut angekommen ist.

FÜR 12 CRÊPES (CA. 4 PERSONEN)

TEIG

300 g Kichererbsenmehl
660 ml Wasser
Salz
6–8 EL Olivenöl

FÜLLUNG

1 Handvoll Salatblätter
1 Bund Kräuter, z.B. Portulak, Vogelmiere, langblättriger Koriander
200 g Rotkohl
1 rote Zwiebel
2 (Blut-)Orangen
Salz
Chiliflocken
1 EL Sesamöl oder Olivenöl
200 g frischer Ziegenkäse oder Fetakäse

LAUCHCREME

2 Lauchstangen
½ Bio-Zitrone
3 EL Miso (Bioladen oder selbst gemacht, s. S. 12)
3 EL helles (Hasel-)Nussmus

75 Minuten und 4 Stunden Ruhezeit

1 Für den Teig Kichererbsenmehl mit dem Wasser verrühren, salzen und mindestens 4 Stunden stehen lassen (es darf auch wesentlich länger sein).

2 Salat und Kräuter waschen, trockenschleudern und Kräuter zupfen.

3 Rotkohl fein schneiden, die Zwiebel halbieren und in dünne Scheiben schneiden. Orangen schälen, das Fruchtfleisch rund um die weiße flaumige Mitte herum in Scheiben abschneiden, dann noch etwas kleiner schneiden. Mit Zwiebeln und Rotkohl mischen und mit Salz, Chili und Sesamöl würzen. Ziegenkäse in Scheiben schneiden und grob zerbröseln.

4 Lauch putzen, dabei welke Blätter und Wurzeln entfernen, Lauch gründlich waschen, quer halbieren und in einem Topf, in dem die Stücke nebeneinander liegen können, mit 100 ml Wasser bei mittlerer Hitze zugedeckt etwa 15 Minuten weich dünsten. Aus dem Topf nehmen, die Stangen längs in Streifen, dann quer in kleine Stücke schneiden. Zitronenschale abreiben, den Saft auspressen, beides mit Miso und Nussmus mixen, dabei 2 EL von der Dünstflüssigkeit des Lauchs zugeben. Misocreme mit dem Lauch mischen.

5 Eine beschichtete Pfanne mit einem geölten Küchenpapier auswischen, 1 TL Olivenöl zusätzlich in die Pfanne geben, den ersten Crêpe bei großer Hitze backen, nach 2 Minuten wenden. Auf einen Teller gleiten lassen. Gleich belegen und genießen oder erstmal alle Crêpes backen – in 2 Pfannen – und dann mit den vorbereiteten Zutaten servieren, sodass sich alle ihre Crêpes nach Wunsch belegen können.

Rainbow-Falafeln

Falafeln beschäftigen mich schon lange, denn erstens können die kleinen Bällchen sehr gut schmecken und zweitens empfiehlt die EAT-Lancet-Kommission den täglichen Verzehr von 75 g Hülsenfrüchten für eine „Planetary Health Diet". Gute Ideen für Linsensuppe und Co. sind also wichtig. Dabei habe ich im Laufe der Jahre einiges über Falafeln gelernt: Für besonders knusprige und saftige Bällchen muss reichlich Grünzeug mit in den Teig. Eine Prise Backpulver macht sie fluffig. Die Hülsenfrüchte für den Teig müssen gründlich eingeweicht werden, aber roh sein – Falafeln aus Dosen-Kichererbsen zerfallen in der Fritteuse.

Kürzlich hatte ich eine Idee, wie wir Falafelliebe mit dem Kampf gegen Foodwaste glücklich vereinen können: Nehmt, was ihr an Hülsenfrüchtenresten im Vorratsschrank findet und verarbeitet sie zu Falafeln – wenn rote oder gelbe Linsen dabei sind, sehen die Falafeln besonders gut aus. Der Test war vielversprechend, die Bällchen knusprig-saftig. Zusätzlich wollte ich wissen, wie gut sich meine Rainbow-Falafeln einfrieren lassen. Ich warf die gefrorenen Falafeln in die Pfanne und briet sie relativ heiß, also zu kurz. In der Mitte waren sie wohl noch etwas roh. Geschmeckt haben sie – aber es folgte ein Tag mit allen Symptomen einer Lebensmittelvergiftung.

Schuld daran sind Lektine, spezielle Proteine, die Pflanzen entwickelt haben, um Fressfeinde abzuschrecken. Es gibt sehr unterschiedliche Typen davon: Lektine in Tomaten sind ungiftig, Lektine aus rohen Bohnen können tödlich sein. In meinen Falafeln waren Borlottibohnen und die waren nicht richtig durcherhitzt – ein gefährlicher Fehler. Favabohnen, also Saubohnen, sind keine Bohnen, sondern Wicken, und enthalten deutlich weniger Lektine. Doch auch mit gut verträglichen Hülsenfrüchten sollte man alle Falafeln langsam und gründlich durchbraten.

FÜR 4 PERSONEN (CA. 30 STÜCK)

250 g trockene rote und gelbe Linsen, geschälte Erbsen, Kichererbsen (keine grünen Linsen/Puy-Linsen oder Bohnen, die enthalten zu viele Lektine!)

100 g Kräuter (mit Stielen gewogen und gehackt), z.B. Petersilie, Minze, gerne auch etwas Karottengrün

Salz

1 EL Ras el-Hanout

½ TL Backpulver

2 Frühlingszwiebeln

2 Knoblauchzehen

Öl zum Ausbacken

SALZZITRONEN-JOGHURT

1 Gurke

Salz

1 Dose Safranfäden (0,1 g)

1 kleine Salzzitrone (40 g) oder frisch geriebene Schale von 1 Zitrone

200 g griechischer Joghurt

Pfeffer

45 Minuten und mindestens 12 Stunden Ruhezeit

1 Hülsenfrüchte über Nacht mit reichlich kaltem Wasser einweichen. Am nächsten Tag abgießen, abspülen, abtropfen lassen, in einem hohen Gefäß mit einem Pürierstab zerkleinern, bis die einzelnen Stückchen etwa so groß sind wie Couscous-Körner. Wer will, kann die verschiedenen Hülsenfrüchte auch separat einweichen und mixen – so werden die fertigen Falafeln später schön bunt.

2 Kräuter mit dem Knoblauch sehr fein hacken, mit der Falafelmasse verkneten, salzen und mit Ras el-Hanout abschmecken, Backpulver untermischen.

3 Für den Joghurt Gurke schälen, längs halbieren und die Kerne mit einem Löffel herauskratzen. Das Fruchtfleisch grob raspeln, salzen und 20 Minuten ziehen lassen. Safran mit 1 EL kochendem Wasser begießen. Salzzitrone fein hacken. Gurkenraspel in einem Küchentuch auspressen (wer will: Gurkenwasser mit Joghurt verrühren und trinken). Gurke, Safranwasser, Salzzitrone und Joghurt verrühren, mit Pfeffer und wenig Salz abschmecken, kaltstellen.

4 Jeweils 1 EL des Teigs zu kleinen, eher flachen, ovalen Falafeln formen – das geht am einfachsten mit einem nassen Löffel und einem Handteller. Beim Formen die Masse leicht zusammendrücken, sodass die Falafeln später gut zusammenhalten. Mit etwas Öl von beiden Seiten langsam knusprig braten, das dauert insgesamt etwa 10 Minuten.

RAINBOW-FALAFELN S. 126

FILZSCHNITZEL MIT KALTGERÜHRTEN PREISELBEEREN S. 130

Pilzschnitzel mit kaltgerührten Preiselbeeren

Wie große, weiße Bälle liegen sie im Gras, doch kein Kind hat sie verloren: Riesenboviste sind Pilze. Sehr groß, aber auch sehr wohlschmeckend – und ganz leicht zu kochen: abstauben, in Scheiben schneiden, braten oder grillen, fertig. Durch ihre Größe sind Riesenboviste ganz eindeutig zu erkennen, was mir als Pilzverwechsler entgegenkommt. Ist es groß, weiß, rund und quietscht beim Schneiden wie Bauschaum, dann ist es in Bayern entweder die Satellitenfunkstation bei Raisting oder ein Riesenbovist, ganz sicher jedenfalls kein Satanspilz. Das wird mir in Zukunft Sicherheit geben, wenn ich beim Flanieren in der Natur große, weiße Kugeln sehe. Noch besser gefällt mir die Entwicklung von Riesenbovisten zur Handelsware: Auf Münchner Märkten sieht man sie immer wieder, an den Pilzständen auf dem Viktualienmarkt sind Riesenboviste von August bis Ende Oktober schon recht zuverlässig im Angebot.

Auch andere große Pilze eignen sich für panierte Pilzschnitzel, doch Riesenboviste scheinen geradezu dafür gemacht zu sein, die Scheiben haben perfekte Schnitzelgröße. Dazu passen Preiselbeeren. Kalt gerührt schmecken sie am besten, allerdings braucht man dafür eine Teigmaschine, denn die Beeren wollen zwei Stunden lang gerührt werden. Dafür halten sie dann sogar mit verhältnismäßig wenig Zucker monatelang im Kühlschrank – dabei setzen sie sich etwas ab, was nicht schlimm ist, man kann ja umrühren oder den Preiselbeersaft in Prosecco mischen. Trotzdem gefällt es mir noch besser, wenn der Saft leicht gebunden bleibt und das klappt gut, indem ich einen Teil der Zuckermenge durch Gelierzucker für kaltgerührte Fruchtzubereitungen ersetze.

PREISELBEEREN
FÜR CA. 1,5 KG

1 kg Preiselbeeren

1 Packung Gelierzucker ohne Kochen für 250 g Früchte*

435 g Zucker

PILZSCHNITZEL
FÜR 4 PERSONEN

1 Riesenbovist oder ca. 600 g andere große Pilze (Reizker, große Austernseitlinge oder Parasol)

150 g trockenes Weißbrot, trockene Semmeln oder Semmelbrösel vom Bäcker

2 Eier

Salz

Pfeffer

4 EL Mehl

4 EL Butter

½ Zitrone

* Verschiedene Hersteller bieten Gelierzucker für kaltgerührte Fruchtaufstriche an. Die bio-vegane Variante mit Rohrohrzucker und geriebener Zitronenschale, die konventionelle mit Raffinadezucker und Zitronensäure. Vor allem aber arbeiten die Hersteller mit unterschiedlichen Zuckermengen, die von 115 g bis 185 g für 250 g Fruchtgewicht variieren. Die Fruchtaufstriche sind nicht so fest wie gekochte Marmeladen, schmecken aber sehr gut und eignen sich auch als Fruchtsaucen.

30 Minuten, 15 Minuten Garzeiten und etwa 2 Stunden Rührzeit für die Beeren

1 Preiselbeeren mit Zucker in einer Teigmaschine mit dem Schneebesen 2 Stunden rühren. In Gläser füllen. Halten gekühlt mindestens 4 Monate.

2 Riesenbovist in kleinfingerdicke Scheiben schneiden, die Stiele von Reizkern oder anderen großen Schnitzelpilzen entfernen. Pilze nur wenn nötig kurz waschen und dann sorgfältig trocken tupfen.

3 Weißbrot oder Semmeln mit einem Sägemesser grob würfeln. In einem Blitzhacker zerkrümeln. Wenn noch große Klumpen unter den Bröseln sind, evtl. durch ein sehr grobes Sieb sieben. Wie gleichmäßig die Brösel gerieben werden, hängt davon ab, wie trocken das Brot ist: Sehr trockenes Brot ergibt feine Brösel ohne große Stücke. Die Qualität der Brösel entscheidet darüber, wie locker und knusprig die Panade später wird. Selbstgemachte Brösel sind nicht ganz so fest und gleichmäßig wie Paniermehl aus der Packung, dadurch wird die Panade viel besser. Eine gute Alternative sind in der Regel die Semmelbrösel, die der Bäcker um die Ecke anbietet.

4 Die Eier in einen tiefen Teller schlagen, mit Salz und Pfeffer würzen, leicht mit einer Gabel verquirlen. Mehl und Brösel auf 2 weitere Teller geben. Die Pilze zuerst im Mehl wenden, überschüssiges Mehl abschütteln. Anschließend durchs Ei ziehen und abtropfen. Zuletzt in den Bröseln wenden.

5 2 EL Butter in einer großen Pfanne aufschäumen lassen, die Pilzschnitzel darin von beiden Seiten goldbraun backen, auf Küchenpapier abtropfen und währenddessen mit etwas mehr Butter die nächsten Schnitzel ausbacken. Schnitzel mit Preiselbeeren und Zitronenschnitzen anrichten.

Tipp

Dazu einen kleinen Salat oder Bratkartoffeln servieren.

Gratinierte Kohlrabi-Steaks mit Pfifferlingen

Kennen Sie Kōrurabi? Die knackige Knolle mit dem leicht süßen und zart-kohligen Geschmack ist eine typisch deutsche Gemüsesorte. Der Name Kohlrabi hat sich sogar im Japanischen durchgesetzt, genau wie in der russischen und der englischen Sprache.

Die einfachste Art Kohlrabi zu garen, ist auch eine der besten: die Knolle schälen, raspeln, mit einer Prise Salz, Muskat und einem großzügigen Löffel Butter 10 Minuten zugedeckt dünsten, fertig. Wenn ich einen ganz frischen Kohlrabi auf dem Markt finde, dann mag ich ihn allerdings roh fast noch lieber als gekocht. Denn ganz frisch haben die Knollen eine milde Süße, die nach ein paar Tagen im Kühlschrank verschwindet. Probieren Sie zum Beispiel einen bayerischen Krautsalat mit knusprigem Speck und frischem Kohlrabi statt Kohl – wunderbar.

Lange bildete ich mir ein, dass für gekochte Zubereitungen dieser Klecks Butter ganz besonders Kohlrabi richtig strahlen lässt. Doch das ist Unsinn: Auch Karotten, Bohnen oder Blumenkohl vertragen sich natürlich bestens mit Butter. Es ist noch nicht lange her, da war die Antwort auf alle Fragen des Geschmacks in der französischen Küche: „Du beurre! Donnez-moi du beurre! Toujours du beurre!“ Und was in Frankreich galt, befolgten auch alle anderen Menschen, die einen Kochlöffel halten konnten.

Nur haben sich unsere Kochgewohnheiten im Laufe der Jahre aus dem Butterparadies in die Richtung mediterraner oder asiatischer Küchen erweitert. Karotten, Bohnen oder Blumenkohl gibt es dort schon immer auch mit Olivenöl, Parmesan oder Fischsauce. Während mir Kohlrabi weder in Italien noch in Vietnam (den beiden Ländern, deren Küche ich am besten kenne, abgesehen von der erweiterten alpenländischen Tradition) je begegnet ist. Dabei schmeckt zum Beispiel der typisch vietnamesische Salat aus grüner Papaya mindestens genauso gut mit Kohlrabi. Pure Gewohnheit also, die Butter am Kohlrabi. Aber lecker.

FÜR 4 PERSONEN

4 Kohlrabi à 350–400 g
400 ml Brühe oder Wasser
100 g Butter
Salz
400 g Pfifferlinge
600 g vorwiegend festkochende Kartoffeln
Muskat
2 Knoblauchzehen
2 Thymianzweige

KRÄUTERKRUSTE

1 Bund Petersilie (30 g)
60 g Kürbiskerne
75 g geriebener Parmesan
1–2 TL Öl
Pfeffer

● ● ○

30 Minuten und 45 Minuten Garzeit

1 Kohlrabi schälen und jeweils in 2 dicke Steaks schneiden. Zarte Kohlrabiblätter aufheben. Die Scheiben mit Brühe, 75 g Butter und einer Prise Salz in einem Topf oder einer Pfanne mit Deckel 30 Minuten dünsten.

2 In der Zwischenzeit die Kräuterkruste vorbereiten: Petersilie zupfen, auch die Stiele verwenden, bis auf wirklich trockene holzige Stiele. Ein paarmal durchschneiden und mit den Kürbiskernen mixen. Parmesan und Öl untermischen, pfeffern.

3 Pfifferlinge putzen, nur wenn unbedingt nötig waschen, Erdreste mit Küchenpapier abreiben, unschöne Stellen abschneiden. Kartoffeln kochen.

4 Backofen auf 200 Grad Umluftgrillen vorheizen (oder 220 Grad Umluft), Kohlrabi auf einem Blech verteilen, Bröselkruste auf den Scheiben verteilen und die Kohlrabi-Steaks auf der zweiten Schiene von oben etwa 7 Minuten überbacken. Vorsicht: Nicht alle Öfen heizen gleich stark und sobald der Käse zu bräunen beginnt, ist er auch schnell verbrannt.

5 In der Zwischenzeit die Kartoffeln pellen und mit etwa 100 ml Kohlrabibrühe grob zerstampfen, mit Salz und Muskat abschmecken. Knoblauch mit Schale quetschen und mit Thymian und Pfifferlingen in einer Pfanne ohne Fett 2 Minuten sehr heiß braten, dabei oft umrühren oder schwenken. Kohlrabiblätter und restliche Butter zugeben, noch kurz weiterbraten, dann etwa 150 ml Kohlrabibrühe zugeben, kurz einkochen, bis eine schöne kurze Sauce entsteht. Falls noch Fond übrig ist, ruhig dazugeben und noch etwas einkochen. Kohlrabi mit Kartoffelstampf, Pfifferlingen und Sauce servieren.

GRATINIERTE KOHLRABI-STEAKS MIT PFIFFERLINGEN S. 133

BUNTER MANGOLD UND MANGOLDPFLANZERL S. 136

Bunter Mangold und Mangoldpflanzerl

Nicht nur im bayerischen Pflanzerl (oder der Berliner Bulette etc.) verbindet sich röstig-knuspriges „Außen" viel zuverlässiger mit einem saftig-aromatischen „Innen" als beispielsweise bei einem teuren Steak. Das will nämlich genau bei der richtigen Temperatur perfekt gebraten werden. Das goldene Pflanzerl-Paradigma gilt auch für alle anderen Bratlinge, man muss der Oberfläche nur eine Chance geben, diese knusprige Schicht zu entwickeln. Bei meinen Mangoldpflanzerln helfen dabei Grünkern, Parmesan und Ei. Die drei karamellisieren an der Oberfläche, während Mangoldblätter und Zwiebeln für das saftige Innenleben sorgen. Die Mangoldstiele würden zusätzlich zu viel Gemüse in die Pflanzerl bringen, aber sie passen als bunte Beilage bestens dazu. Ich mag die Stiele nicht zu knackig, sondern eher weich geschmort. Das leicht pelzige Oxalsäure-Gefühl im Mund verschwindet beim langsamen Schmoren. Mein Rezept ist ein klein wenig aufwändig, aber die Mühe lohnt sich – für ein sehr befriedigendes Stem-to-Root-Gemüsegericht.

FÜR 4 PERSONEN

PFLANZERL

150 g geschroteter Grünkern (Bioladen)
Salz
1 Zwiebel
2 EL Olivenöl
Salz
Pfeffer
Muskat
2 Eier (M)
50 g geriebener Parmesan

MANGOLD

800 g bunter Mangold
4 EL Olivenöl
2 Knoblauchzehen
12 Kirschtomaten
4–6 Thymianzweige
2 EL kleine Oliven, z.B. Taggiasca-Oliven aus Ligurien
Salz
Pfeffer
Muskat
200 ml Gemüsebrühe
Zitronenspalten

● ● ○

40 Minuten
und 1 Stunde
Garzeiten

1 Grünkern mit 500 ml Wasser und einer Prise Salz in einem kleinen Topf aufkochen lassen, mit Deckel auf kleinster Hitze 20 Minuten köcheln lassen. Vom Herd nehmen und abkühlen lassen.

2 Backofen auf 160 Grad vorheizen (Umluft 140 Grad). Mangold waschen und abtropfen, Mangoldblätter in etwa 5 cm breite Streifen schneiden, mit 1 EL Olivenöl und 2–3 EL Wasser in einem Schmortopf zugedeckt 5 Minuten dünsten. Die Blätter aus dem Topf nehmen, abkühlen, ausdrücken und grob hacken – es sollten etwa 200 g sein.

3 Mangoldstiele in fingerlange Streifen schneiden, mit 3 EL Olivenöl in den Topf geben, 2–3 Minuten anbraten. Die Knoblauchzehen andrücken, die Kirschtomaten halbieren, beides mit Thymian und Oliven zum Gemüse geben. Mit Salz, Pfeffer und Muskat würzen, die Brühe angießen. Das Gemüse zugedeckt auf der zweituntersten Schiene im Ofen 30 Minuten schmoren.

4 Für die Mangoldpflanzerl Zwiebel abziehen und fein würfeln, mit 1 EL Olivenöl 3 Minuten dünsten, mit Salz, Pfeffer und Muskat würzen. Den Topf vom Herd nehmen, Zwiebel mit Mangoldblättern mischen, Grünkern, Eier und Parmesan unterkneten, abschmecken. 1 EL Olivenöl in einer großen Pfanne erhitzen. Mit einem Esslöffel kleine Fladen in die Pfanne setzen und von beiden Seiten je 4 Minuten braten.

5 Mangoldstiele mit dem Schmorfond, Zitronenspalten und Mangoldpflanzerln anrichten.

Vegane Béarnaise mit feinem Gemüse

FÜR 4 PERSONEN

BÉARNAISE

2 Schalotten

1 Tomate

1 TL Pfefferkörner

je ½ Bund Estragon und Schnittlauch

3 EL Estragonessig

75 ml Weißwein

100 ml Rapsöl

3 EL „Sojasahne" (heißt im Handel auch Soja cuisine o.Ä.)

Salz

Cayennepfeffer

1,5 kg Gemüse, z.B. weißer oder grüner Spargel, Fenchel oder junge Artischocken

●●○

40 Minuten und 20 Minuten Garzeiten

1 Für die Béarnaise eine Reduktion vorbereiten: Schalotten schälen und in Scheiben schneiden, Tomate waschen und grob würfeln. Pfefferkörner im Mörser grob quetschen. Estragon und Schnittlauch waschen und trockenschütteln. Estragonblättchen zupfen und grob hacken, Schnittlauch in Röllchen schneiden. Schalotten, Tomate, Pfeffer und Estragonstiele mit Estragonessig, Weißwein und 6 EL Wasser in einem kleinen Topf etwa um zwei Drittel einkochen, durch ein Sieb gießen. Falls mehr als 75 ml übrig sind, noch etwas mehr einkochen.

2 Spargel schälen und in Salzwasser mit einer Prise Zucker je nach Dicke 8–12 Minuten gerade nicht mehr bissfest kochen. Artischocken wie auf S. 152 beschrieben vorbereiten, ebenfalls kochen (mit etwas Zitrone und Thymian im Wasser) oder in dickeren Scheiben braten. Fenchel in Spalten schneiden und kochen oder braten.

3 Rapsöl in einem kleinen Topf lauwarm erhitzen. Die Reduktion noch einmal aufkochen, in einem Mix- oder Messbecher „Sojasahne" zugeben, mit dem Pürierstab mixen, nach und nach das Öl einfließen lassen. Zuletzt die Kräuter unterrühren und mit Salz und etwas Cayennepfeffer abschmecken. Die Sauce noch einmal erhitzen, aber nicht mehr kochen. Mit Gemüse servieren.

Die besten Bratkartoffeln – mit Buttermilch und Wildkräutern

Während ihrer Kindheit in einer nordbayrischen Flüchtlingssiedlung gab es für meine Mutter oft Buttermilchsuppe mit Kartoffeln. Wegen der für sie unangenehmen Erinnerung hat sie uns Kindern die Suppe nur ein einziges Mal gekocht. Schade, denn die Verbindung von Buttermilch mit Kartoffeln ist spitze. Eine kurze Recherche zeigt, dass es heute noch Spuren von „Bratkartoffeln mit Buttermilch" gibt, und zwar in Polen, genauer gesagt in der kaschubischen Küche. Die Kaschubei ist eine Region in der Nähe von Danzig. „Stampfkartoffeln mit Buttermilch" waren wohl in Böhmen üblich, die Gegend, aus der meine Mutter kam.

Wenn man heute Kartoffeln brät, die Buttermilch nur leicht würzt, nicht kocht und das Ganze mit einem kleinen Kräutersalat kombiniert, dann wird aus dem Notrezept ein sehr erfrischendes Gericht – gleichzeitig mit warmen, gemütlichen Kohlenhydraten. Und auch wenn es mir hier vor allem um die geniale Verbindung von Buttermilch, Bratkartoffeln und Salat geht, beschreibe ich im Rezept auch den besten Trick für knusprig-cremige Bratkartoffeln.

FÜR 4 PERSONEN

800 g Kartoffeln*

3+2 EL Rapsöl

Salz

½ TL Kümmel

Pfeffer

200 g Wildkräuter nach Jahreszeit, z. B. Giersch, Löwenzahn, junge Erdbeerblätter, Vogelmiere, Schafgarbe …

800 g erstklassige Buttermilch oder Schwedenmilch

* In der Regel nimmt man vorwiegend festkochende Sorten, aber auch mehlige oder festkochende haben ihre Vorzüge, im Frühjahr bieten sich die eher festkochenden neuen Kartoffeln an.

● ○ ○

25 Minuten inkl. Bratzeit

1 Die Kartoffeln so sauber waschen, dass man später auch die Schalen mitessen kann. 2 cm groß würfeln, mit 3 EL Rapsöl in einer Pfanne, in der sie nicht ankleben, bei mittlerer Hitze 20 Minuten braten. Dabei einen Deckel so auflegen, dass er nicht ganz schließt, sodass die Kartoffeln zwar im eigenen Dampf gleichmäßig garen, aber trotzdem mehr braten als dünsten. Salzen. Kümmel grob hacken und nach 10 Minuten mit in die Pfanne geben, gleichzeitig mit Pfeffer würzen. Immer wieder durchschwenken oder umrühren. Zuletzt 5 Minuten ohne Deckel richtig knusprig braten.

2 Die Kräuter waschen, während die Kartoffeln braten. Kräuter trockenschleudern und verlesen. Mit 2 EL Öl mischen und leicht salzen.

3 Buttermilch, Kartoffeln und Kräuter in tiefen Tellern anrichten, gleich servieren.

Festliche Kartoffeln mit Kartoffelschalen-Jus und Feldsalat

Anregender als die Zubereitung von Klassikern finde ich die Auseinandersetzung mit neuen und ein bisschen überraschenden Festtagsmenüs – hier schlage ich Ihnen für ein solches eine Kartoffel mit Kartoffelsauce vor. Die Zubereitung der Kartoffel hat einen Namen: „Pommes Paolo". Meine Anregung dazu stammt aus einer Online-Werbung für einen virtuellen Kochkurs. Pommes Paolo ähneln stark „Pommes Anna", die ich während meiner Kochlehre täglich zubereiten durfte. Nur haben Annakartoffeln die Form einer Blume und die Paolokartoffel erinnert mich an ein dekoratives Schuppentier. Annakartoffeln stehen im „Hering", das ist das Lexikon der Grundzubereitungen in der bourgeoisen Küche des 20. Jahrhunderts, Paolo steht nicht drin, dafür aber Annette, die ist eine Art vertikaler Paolo – egal: außen knusprig, innen buttrig-saftig, das ist das Wesen all dieser Kartoffelköstlichkeiten.

Neu ist die zart gebundene Kartoffelschalen-Jus, also eine klare Röst-Sauce, die sehr intensiv und rund schmeckt. Keine Idee ohne Inspiration: Manuel Reheis, der Küchenchef des Restaurants Broeding in München, erzählte mir von seinen Versuchen mit einer Kartoffeljus. Geröstete Kartoffelschalen schmecken bekanntlich fantastisch, die Herausforderung ist, daraus eine Sauce zu kochen, die sich nicht aus Versehen in Kartoffelbrei verwandelt. Ich denke, meine Version löst das Problem ziemlich gut – und ich bin gespannt auf das nächste Level, wenn Manuel den Ball wieder aufnimmt. So wie ich ihn kenne, findet er vermutlich eine Kartoffelsorte, die sich noch viel besser eignet als die roten Cheyenne, die ich verwendet habe. Linda und ähnliche Sorten eignen sich auch gut, festkochend oder vorwiegend festkochend sollten sie sein. Falls Sie die perfekte Kartoffelsorte zuerst entdecken: Schreiben Sie mir.

FÜR 4 PERSONEN (KASTENFORM VON CA. 20×10 CM, BEI ANDEREN MASSEN KARTOFFELMENGE ANPASSEN)

FESTLICHE KARTOFFELN

250 g Butter (alternativ vegane Butter oder Butterschmalz)

1 Knoblauchzehe

1 Thymianzweig

750 g möglichst gleichmäßig dicke, längliche Kartoffeln (s. Einleitungstext) mit ca. 5 cm Durchmesser à 120–140 g

Salz

FELDSALAT

80 g Feldsalat

1 EL (Champagner-)Essig

Pfeffer

KARTOFFELSCHALENJUS

15 g getrocknete Spitzmorcheln (oder Steinpilze)

1 TL schwarze Pfefferkörner

2 Selleriestängel

4 Knoblauchzehen

2 Schalotten

½ Karotte

½ Bund Petersilie

Schalen von 750 g Kartoffeln (s. links)

6 EL Olivenöl

2 EL passierte Tomaten

1 TL Quittengelee

Pfeffer

1 Lorbeerblatt

75 ml Weißwein

Salz

3 EL geklärte Butter (von den Kartoffeln, s. links) oder Butterschmalz

●●○

1,5 Stunden und etwa 1 Stunde Garzeiten

1 Die Butter mit der leicht gequetschten Knoblauchzehe und dem Thymianzweig sanft köcheln lassen, immer wieder den aufsteigenden Schaum mit einem Löffel abnehmen. Sobald die Butter ganz klar ist, vorsichtig durch ein feines Teesieb gießen, beiseitestellen (wer diesen Schritt überspringen will, nimmt einfach Butterschmalz).

2 Die Kartoffelschalenjus vorbereiten: Pilze mit 600 ml heißem Wasser übergießen, stehen lassen. Pfefferkörner mit der Breitseite eines großen Messers quetschen. Selleriestängel waschen und in Scheiben schneiden, Knoblauch mit Schalen leicht quetschen, Schalotten schälen und 5 mm groß würfeln, Karotte schälen, längs vierteln und ebenfalls würfeln, Petersilienstiele abschneiden, die Blätter waschen, trockenschleudern und eher fein hacken. Die Kartoffeln gründlich waschen, abtrocknen und schälen, dabei die Enden abschneiden und so schälen, dass die Kartoffeln noch etwas gleichmäßiger rund werden. Kartoffeln beiseitelegen. Kartoffelschalen mit Olivenöl dunkelgolden braten, ab und zu umrühren. Aus dem Topf nehmen und abtropfen lassen. Das Gemüse mit den Petersilienstielen im heißen Öl goldbraun anbraten. Tomaten und Quittengelee zugeben, Pfeffer und Lorbeer zugeben, mit Weißwein ablöschen, etwas einkochen. Die Pilze aus dem Einweichwasser nehmen,

→

ausdrücken. Das Wasser durch ein feines Teesieb gießen oder durch einen Papier-Teefilter laufen lassen, um Sand oder Erdreste zu entfernen. Gefiltertes Wasser mit den Pilzen zum Gemüse geben und 20 Minuten kochen lassen, dann leicht salzen, die Kartoffelschalen zugeben und weitere 7 Minuten sanft köcheln lassen. Den Fond durch ein feines Sieb abgießen, die Morcheln aus dem Gemüse nehmen und in den Fond legen.

3 Backofen auf 220 Grad Umluft vorheizen. Kartoffeln in gleichmäßige, 2–3 mm dünne Scheiben schneiden – ein Gemüsehobel, zum Beispiel eine Mandoline, wäre hilfreich, aber mit einem scharfen Messer und etwas Geduld geht es auch. Kartoffelscheiben waschen, auf einem Geschirrtuch abtrocknen, auch von oben trockentupfen, dann salzen. Zu Türmen aufstapeln, die man quer in die Kastenform legen kann. Jeweils eine Seite der Kartoffeltürme ein paar Millimeter abschneiden, damit die Rolle auf dem Boden der Kastenform sauber aufliegt.

4 Kastenform mit Backpapier auslegen, sodass man damit später die Kartoffeln aus der Form heben kann. Kartoffeltürme sehr eng nebeneinander in die Form legen, mit der geklärten Butter begießen, auf der mittleren Schiene im Ofen etwa 45 Minuten goldbraun garen.

5 Feldsalat waschen und trockenschleudern. Kartoffeln aus dem Ofen nehmen, Butter abgießen und auffangen. Die Kartoffeljus aufkochen, gehackte Petersilie und 3 EL vom Butterschmalz einrühren, mit Essig abschmecken. Kartoffeln vorsichtig auf Teller setzen und mit Feldsalat und Sauce servieren.

Tipp

Restliche Butter erkalten lassen und wie Butterschmalz verwenden.

Die Sauce kann man sehr gut vorbereiten, auch den Salat putzen, die Kartoffeln schneiden und in der Form mit Butter übergießen, den oberen Kartoffelrand mit etwas Butter bepinseln, sodass die Kartoffeln rundum vor Oxidation geschützt sind. Kaltstellen, kurz vor dem Essen in den Ofen schieben, die Garzeit um etwa 10 Minuten verlängern, denn die Kartoffeln kommen ja aus dem Kühlschrank.

Kartoffelschalen-Strips

Die erdigen Schalen unserer Lieblingsknollen schmecken aromatischer als ihr Inhalt. Das kann jeder leicht an einer ungewürzten Pellkartoffel ausprobieren: Die Pellkartoffel-Haut ist zwar zu trocken, schmeckt aber schön kartoffelig. Und konzentrierter Geschmack steckt bei vielen Gemüse- und Obstsorten vor allem in der Schale – auch zum Beispiel in Apfel- oder Tomatenschalen. Deshalb werden Ofenkartoffeln oder frittierte Kartoffelspalten mit Schale von Jahr zu Jahr beliebter. Um diesen Geschmack zu genießen, musste allerdings erst eine kollektive Erinnerung an die Nachkriegsjahre verblassen, als bittere Rüben und schwarze Kartoffelschalen höchstens halfen, harte Winter zu überleben. Die Reste dieser Erinnerungen sind wahrscheinlich ein Grund, warum auch heute noch viele Schalen von Kartoffeln für Püree oder Salzkartoffeln achtlos in der Biotonne landen.

Außerdem fehlte vielleicht einfach die durchschlagende Idee für eine einfache, sinnvolle Verwendung von Kartoffelschalen. Bis jetzt. Seit ich zum ersten Mal knusprige Kartoffel-Strips aus meinen Kartoffelschalen gebacken habe, kann ich sie nicht mehr wegwerfen. Man könnte das ganz modern no-waste-cooking nennen. Doch die knusprigen Kartoffel-Strips sind so gut, dass sich das Problem jetzt umkehrt: Was tun mit den vielen Kartoffeln, die anfallen, wenn ich mir meine Kartoffelschalen schäle? Ganz einfach: Die geschälten Kartoffeln in Salzwasser kochen und am nächsten Tag für Bratkartoffeln, Kartoffelsalat oder Knödel verwenden. Oder ein cremiges Kartoffelpüree kochen, vielleicht jeweils eine Handvoll gekochte Linsen und Lauch darunterrühren und das Püree mit den knusprigen Chips servieren – dann reicht die Menge für 4 Portionen.

FÜR 2–3 PERSONEN

1,2 kg Kartoffeln
3 EL Olivenöl
Salz
Pfeffer
1 Knoblauchzehe
1 Rosmarinzweig

● ○ ○

25 Minuten inkl. Garzeit

Den Backofen mit einem Blech auf der mittleren Schiene auf 200 Grad Umluft vorheizen. Kartoffeln so sauber schrubben, dass man die Schale gut essen kann. Kartoffeln schälen, die Schalen mit Olivenöl mischen, mit Salz und Pfeffer würzen. Die Knoblauchzehe mit Schale leicht quetschen und alles zusammen auf dem Blech verteilen. Je nach Dicke der Schalen 15–20 Minuten goldbraun und knusprig backen, dabei ab und zu wenden. Kurz vor Schluss den Rosmarin zupfen und unter die Kartoffelschalen mischen.

Tipp

Mit grünem Ketchup oder Dip nach Wahl servieren.

Schwarzbrot-Knödel mit Veggie-Bratensauce

FÜR 4 PERSONEN

KNÖDEL

200 g trockenes Bauernbrot (oder anderes Mischbrot mit viel Roggen)

200 ml Milch

1 Bd. Petersilie

1 Zwiebel

2 EL Butter

Salz

1 EL Mehl

2 Eier (M)

evtl. Semmelbrösel

Pfeffer

Muskat

SAUCE

2 Zwiebeln

4 Knoblauchzehen

400 g Wurzelgemüse (z.B. Karotte, Sellerie, Petersilienwurzel, Lauch)

3–4 EL Olivenöl

Salz

2 TL Mehl

4 EL passierte Tomaten

2 EL gehackte Kräuter (z.B. Salbei, Rosmarin oder Thymian)

4 EL Sojasauce

400 ml Gemüsebrühe oder Wasser

Pfeffer

●●○

30 Minuten und 30 Minuten Garzeiten sowie 30 Minuten Ruhezeit

1 Brot erst in dünne Scheiben, dann in Streifen und zuletzt in kleine Würfel schneiden (6–8 mm) und in eine Schüssel geben. Milch aufkochen, über die Würfel gießen, zudecken und 30 Minuten ziehen lassen.

2 In der Zwischenzeit die Sauce vorbereiten: Zwiebeln, Knoblauchzehen und Wurzelgemüse schälen und klein würfeln. Mit Olivenöl und einer Prise Salz 3 Minuten anbraten, mit Mehl bestreuen, weitere 2 Minuten rösten. Passierte Tomaten und gehackte Kräuter zugeben, umrühren, mit Sojasauce ablöschen. Gemüsebrühe oder Wasser zugeben, zugedeckt 10 Minuten köcheln lassen. Den Deckel abnehmen, mit Salz und Pfeffer abschmecken.

3 Petersilie waschen und trockenschütteln, die Blättchen zupfen und hacken. Zwiebel schälen, halbieren und möglichst fein würfeln. Die Butter in einem kleinen Topf oder einer kleinen Pfanne mit Deckel aufschäumen, erst wenn die Butter ganz geschmolzen ist, die Zwiebeln zugeben und bei kleiner Hitze zugedeckt 5 Minuten dünsten. Gleich zu Beginn salzen. Petersilie zu den Zwiebeln geben, umrühren und vom Herd nehmen. Zwiebel-Petersilien-Mischung auf das eingeweichte Brot geben. Mehl zugeben. Eier aufschlagen und mit der Masse verkneten. Falls der Teig sehr feucht scheint (beispielsweise weil das Brot noch frisch ist oder die Eier größer waren), 2 oder 3 EL Semmelbrösel untermischen. Mit Salz, Pfeffer und Muskat abschmecken.

4 Einen großen Topf mit gesalzenem Wasser zum Kochen bringen. Einen Probeknödel kochen, falls er zu weich sein sollte, etwas Brösel in die Masse kneten. Mit feuchten Händen glatte, knapp tischtennisballgroße Knödel formen und im Topf im schwach siedenden Salzwasser 10 Minuten ziehen lassen. Mit der Sauce servieren.

Gemüse-Fritto-Misto mit Zitronen-Remoulade

Von Maria-Lara und Jennifer-Lilli habe ich ja schon erzählt (s. S. 112), die beiden gefräßigen Monster wohnen in meinem Keller. Maria-Lara zum Beispiel bekommt zweimal täglich 40 g Wasser und 50 g Dinkelmehl, die ich mit einem Löffel des blubbernden Teiges verrühre. Das Monster ist nämlich ein Sauerteig. Wenn ich Maria-Lara immer nur im gleichen Verhältnis von Sauerteig, Mehl und Wasser weiterfüttern würde, dann wären es nach einer Woche schon über 150.000 kg Teig. So vermehren sich Hefezellen und Milchsäurebakterien nun mal – das ist der Fluch der Exponentialfunktion.

Damit es nicht dazu kommt, muss ich dem Teig also bei jeder Fütterung den größten Teil entnehmen – aber was tun mit den vielen Sauerteigresten? Ganz einfach: Wenn man noch etwas Wasser und eine Prise Salz reinrührt, ist das der perfekte Teig für Fritto Misto. Alle, die keinen Sauerteig-Tamagotchi – oder vielleicht eher Sauerteig-Godzilla – pflegen, können genauso gut den im Rezept beschriebenen Hefeansatz verwenden.

Die erste Assoziation zu Fritto Misto sind bei mir gebackene Meeresfrüchte, Sommer und Wellen. Doch eigentlich passen fettgebackene Gerichte eher in die kalte Jahreszeit. Es ist kein Zufall, dass wir Krapfen an Fasching genießen und nicht zu Beginn der Sommerferien, da stecken doch immer ein paar Kalorien drin. Wirklich überrascht hat mich, wie unglaublich gut Artischocken, Äpfel, Fenchel, Süßkartoffeln schmecken, wenn man sie auf diese Weise ausbäckt. Das ist kein mitteltoller Ersatz für frittierte Meeresfrüchte, sondern besser.

FÜR 4 PERSONEN

BACKTEIG

½ Hefewürfel (oder ca. 7 g Trockenhefe, das ist in der Regel 1 Päckchen)

250 ml lauwarmes Wasser

150 g Weizen- oder Dinkelmehl

1 EL Zucker

Salz

Kreuzkümmel

800 g Gemüse nach Saison, z.B. junge Artischocken, Äpfel, Fenchel, Süßkartoffeln etc.

ca. 1 l neutrales Öl zum Frittieren

Pfeffer

ZITRONENREMOULADE

2 saftige Zitronen

200 g Lauch

1 EL Zucker

1 Bund Petersilie

2 TL scharfer Senf

1 EL Nussmus, z.B. helles Mandelmus

150 ml mildes Olivenöl oder Olivenöl und neutrales Öl gemischt

Salz

Pfeffer

optional 1 EL Kapern, ein paar Peperoni oder Chilis

AUSSERDEM

Zitronenschnitze

Chiliringe

●●○

75 Minuten und 30 Minuten Garzeiten sowie 30 Minuten Ruhezeit

1 Für den Backteig Hefe mit dem Wasser verrühren, Mehl mit Zucker und einer kräftigen Prise Salz und Kreuzkümmel unterrühren. Zugedeckt mindestens 20 Minuten gehen lassen.

2 Für die Remoulade 1 Zitrone in Stücke schneiden und für die Garnitur aufheben. Die andere Zitrone heiß abwaschen, die Schale dünn abschälen und hacken, den Saft auspressen. Lauch längs vierteln und waschen, dann quer in 5 mm breite Stücke schneiden, mit Zucker und 125 ml Wasser in einem sehr kleinen Topf 10 Minuten kochen, bis nur noch wenig Flüssigkeit übrig ist. Mit Zitronensaft aufgießen und etwas einkochen. Petersilie waschen, zupfen und grob schneiden. Die Hälfte vom Lauch herausnehmen und aufheben, den Rest mit Zitronenschale, Petersilie, Senf und Nussmus in einen Mixbecher oder einen Blender geben, fein mixen, mit Salz und Pfeffer würzen und nach und nach das Öl untermixen, bis die Sauce cremig wird. Abschmecken und die reservierten Lauchstücke sowie evtl. Kapern und fein geschnittene Peperoni oder Chilis untermischen.

→

3 Das Gemüse waschen und schneiden, sodass alle Stücke eine ähnliche Garzeit haben. Also beispielsweise alle zähen, äußeren Blätter von der Artischocke abbrechen, den Stiel auf etwa 5 cm kürzen, mit einem kleinen Messer schälen. Die obere Hälfte oder bis zu drei Fünftel der Knospe abschneiden. Längs halbieren – falls im Inneren der Artischocke die faserigen Röhrenblüten schon deutlich zu sehen sind, mit einem Teelöffel herauskratzen. Artischocken mit einem scharfen Messer in ca. 5 mm dicke Scheiben schneiden. Äpfel schälen, vierteln, entkernen, jedes Stück in 3 Spalten schneiden. Fenchelgrün abschneiden, trockenes Strunkende abschneiden, die Knollen halbieren und in 1 cm dicke Spalten schneiden. Süßkartoffeln gründlich waschen und dann mit Schale in 4 mm dünne Scheiben schneiden.

4 Das Öl in einem Topf oder einer Fritteuse auf 185 Grad erhitzen (wenn man einen hölzernen Kochlöffel in das Fett hält, steigen bei der richtigen Temperatur sofort Bläschen auf). Sobald die Gemüsestücke ins Öl kommen, kühlt das Öl ein paar Grad ab und die Temperatur passt. Gemüsestücke nacheinander durch den Teig ziehen und in kleinen Portionen jeweils ca. 3 Minuten knusprig braun backen. Zwischendurch das Öl, falls nötig, wieder aufheizen. Gemüse aus dem Öl heben und auf einem Gitter abtropfen lassen. Mit Salz und Pfeffer würzen. Mit Remoulade, Zitronenschnitzen und Chiliringen sofort servieren.

Focaccia di Monaco

Aus Recco, einer italienischen Kleinstadt nicht weit von Genua, stammt ein ziemlich tolles Gebäck. Die Recchesi nennen es „Focaccia di Recco". Dabei hat es nichts mit dem zu tun, was ich mir unter einer Focaccia vorstelle, ein flaches, fluffiges Brot aus einer Art weicherem Pizzateig. Ganz im Gegenteil: Für Focaccia di Recco braucht es einen hauchdünnen Teig, er wird sehr knusprig und ähnelt Strudelteig. Und wie dieser kommt er vollkommen ohne Hefe aus.

Zwischen zwei Schichten Teig verteilen die Focaccia-Bäcker*innen teelöffelweise einen lokalen Crescenza-Käse aus Recco. Creszenca- oder Stracchinokäse sind eine Gruppe von Frischkäsesorten mit Aroma, die schön schmelzen (auch auf Pizza übrigens). Mit großzügig Olivenöl wird dieses Käse-Knusper-Wunder in einem sehr heißen Ofen goldbraun gebacken und dann knallheiß geschnitten. Beim Essen tropft cremiger Käse heraus. Nun legen die Einwohner*innen von Recco sehr großen Wert darauf, dass es Focaccia di Recco eben nur in Recco geben darf. Der spezielle Käse wird deshalb nur an Restaurants in Recco verkauft. Mit Abstand betrachtet gibt es allerdings weltweit ähnliche Gerichte, in Griechenland zum Beispiel unzählige Varianten von Tyropita mit Fetakäse und Filoteig, in Mexiko die Quesadilla, also mit Käse gefüllte Weizentortillas, und schon bei den italienischen Nachbarn in der Emilia Romagna finden wir die Piadina romagnola con formaggio. Es spricht also nichts dagegen, eine eigene Variante zu entwickeln. Ich mag zum Beispiel auch etwas Gemüse in meiner Focaccia und eine Mischung aus Ricotta und Parmesan gibt genau die richtige cremig-aromatische Käsemischung. Gemüse und Käsesorten kann man je nach Vorrat sehr gut variieren. Doch wirklich wichtig finde ich den wunderbaren Teig, nach dem Rezept aus Recco.

FÜR 4 PERSONEN

TEIG

400 g Weizenmehl*

8 g Salz (1,5 TL)

40 g Olivenöl plus Öl fürs Blech und zum Beträufeln

200 ml lauwarmes Wasser

optional Rosmarin

FÜLLUNG

250 g TK-Blattspinat oder kurz gekochter frischer Spinat

½ Fenchelknolle

Salz

Pfeffer

Olivenöl

Muskat

ca. 300 g Käse, der gebacken gut schmeckt, z. B. 220 g Ricotta und 80 g Parmesan/Pecorino, oder geriebener Raclettekäse, Pizzakäse, Stracchinokäse etc.

Muskat

* Manche Mehle nehmen mehr Wasser auf, andere weniger. Meistens passt das Rezept sehr gut, aber falls der Teig sich sehr fest anfühlen sollte, noch 1–2 EL Wasser unterkneten. Das ist lästig, denn man muss den Teig zurück in die Schüssel geben und es dauert eine Weile, bis er das Wasser aufnimmt.

● ● ○

knapp 1 Stunde, 10 Minuten Backzeit und 30 Minuten Ruhezeit

1 Für den Teig erst Mehl und Salz, dann Öl und Wasser in einer Schüssel mischen. Erst in der Schüssel, dann auf der Arbeitsfläche mindestens 5 Minuten kräftig durchkneten, der Teig sollte jetzt schön glatt und elastisch sein. Den fertigen Teig zu einer Kugel formen, mit gleichmäßigen, kreisenden Bewegungen der ineinander verschränkten Hände die Teigkugel „schleifen", bis die Oberfläche samtig glatt ist – das dauert ein paart Minuten. Zudecken und 30 Minuten entspannen lassen.

2 Füllung vorbereiten: Spinat auftauen lassen und fest ausdrücken. Fenchel sehr dünn schneiden, mit Salz, Pfeffer und ein paar Tropfen Olivenöl würzen. Käse reiben und mit dem Ricotta verrühren, mit Fenchel und Spinat mischen, mit Salz, Pfeffer und Muskat abschmecken.

3 Arbeitsfläche mit Mehl bestäuben, ein Backblech gründlich ölen, das darf eine kleine Ölpfütze geben. Den Backofen auf 280 Grad oder so heiß es eben geht vorheizen. Den Teig ungefähr halbieren, das größere Stück erst ausrollen, dann nach allen Seiten dünn ausziehen. Dazu mit dem bemehlten Handrücken unter den Teig greifen, mit dem zweiten Handrücken ebenfalls unter den Teig greifen und vorsichtig Richtung Tischkante ziehen. Von allen Seiten wiederholen, bis der Teig sehr dünn ist. Vor allem versuchen den Rand immer dünner zu ziehen und zu drücken, damit der Teig auch an den Rändern möglichst gleichmäßig dünn wird. Dann auf das Backblech legen, dicke Teigränder abschneiden. Die Füllung löffelweise auf dem Teig verteilen – nicht verstreichen, sonst reißt der Teig. Die zweite Teighälfte ausziehen und auf das Blech legen, die Ränder abschneiden. Mit den Fingern oder einer Schere ein paar Löcher in den Teig machen, damit der Dampf beim Backen abziehen kann. Mit Olivenöl beträufeln. Wer will, kann ein paar Rosmarinnadeln zupfen und ebenfalls auf dem Teig verteilen.

4 Im Ofen auf der untersten Schiene etwa 10 Minuten goldbraun und knusprig backen. In Stücke schneiden und sofort servieren.

FOCACCIA DI MONACO S. 154

SOMMER-BLUMENKOHL-GRATIN S. 158

Sommer-Blumenkohl-Gratin

Ein sommerliches Gemüsegratin mit Blumenkohl, Kohlrabi oder Karotten schmeckt wunderbar und macht kaum Arbeit. Vorkochen ist überflüssig. Das ist wahrscheinlich vor allem eine Restaurant-Marotte, weil dort die Köch*innen versuchen, möglichst viel vorzubereiten, um – wenn die Gäste da sind – nicht zu sehr ins Rotieren zu kommen. Damit das Gemüse wirklich gleichmäßig und zügig gart, sollten die Gemüsestücke in einer passenden Form eng beieinander liegen. So bildet sich ein dampfiges Mikroklima zwischen ihnen, in dem sie gut garen. Den größten Teil der Kräutervinaigrette gebe ich gleich zu Beginn mit aufs Gemüse, damit im Ofen genug Feuchtigkeit vorhanden ist. Die Kräuter wiederum decke ich relativ sorgfältig mit Parmesan zu, damit sie beim Backen vor direkter Hitze geschützt sind. Insgesamt sollte die Gemüseschicht nicht zu dick sein, damit man viel knusprige Kruste auf dem Gemüse hat. Das alles ist ganz einfach, aber diese Feinheiten sind wichtig.

FÜR 4 PERSONEN

1 nicht allzu großer Blumenkohl (ca. 1 kg)

1 sehr saftige Bio-Zitrone (oder 1½ nicht ganz so saftige Zitronen)

1–2 Knoblauchzehen

1 Bund Petersilie

½ Bund Oregano

1 EL frische grüne oder eingelegte grüne Pfefferkörner

2 EL Bio-Tamari oder eine andere milde Sojasauce

1 EL helle Misopaste (Bioladen oder selbst gemacht, s. S. 12)

7 EL Olivenöl

100 g geriebener Parmesan

Weißbrot oder Vollkornreis oder Pellkartoffeln

● ○ ○

20 Minuten und 25 Minuten Backzeit

1 Den Backofen auf 200 Grad Umluft vorheizen.

2 Blumenkohl in Röschen teilen und eng nebeneinander ohne viele Löcher in eine Auflaufform schichten, die Form evtl. vorher mit ein paar Blumenkohlblättern auslegen, falls welche am Blumenkohlkopf dran sind.

3 Die Zitrone halbieren, mit einem Messer die Schale hauchdünn abschneiden, den Saft auspressen. Knoblauch schälen, die Kräuter waschen und trockenschütteln. Nur sehr dicke, holzige Stiele entfernen, den Rest zusammen mit den Blättchen, Pfeffer, Zitronenschale und Knoblauch hacken. Mit Zitronensaft, Sojasauce, Misopaste und Olivenöl verrühren.

4 Kräutervinaigrette bis auf 3 EL über den Blumenkohl verteilen, die Kräuter mit Parmesan zudecken und alles zusammen im Ofen auf der mittleren Schiene 25 Minuten überbacken.

5 Gratinierten Blumenkohl auf Teller verteilen, mit restlicher Vinaigrette und Brot, Reis oder Kartoffeln servieren.

Kleine Kürbisrösti

Meine Kürbisrösti sind außen richtig schön knusprig, innen weich und saftig. Der Trick ist, Kürbisstreifen mit einem etwas gröberen Mehl zu bestäuben und dann zu braten. In Sizilien wäre das ein Nudelmehl, Semolina per pasta. Kichererbsenmehl eignet sich aber genauso gut. Ich nehme manchmal die Spelzen, die übrigbleiben, wenn man Vollkornmehl zuhause selber mahlt und dann siebt. Kürbis ist für mich das Symbol der Erntezeit: Jedes Mal, wenn ich beobachte, wie sich ein kleines Samenkorn über wenige Monate in eine riesige Pflanze mit mächtigen Früchten verwandelt, bestaune ich das Wunder – warum bleibt da kein Loch im Boden, wo der Kürbis all seine Nährstoffe findet?

FÜR 4 PERSONEN

RÖSTI

800 g Kürbis (oder eine feste Zucchinisorte wie Tromba d'Albenga oder Yellow Summer Crookneck)

Salz

Muskat

100 g Kichererbsenmehl, Nudelmehl oder ein anderes etwas gröberes Mehl

100 ml Olivenöl

DIP

250 g griechischer Joghurt

2 EL helle Misopaste (Bioladen oder selbst gemacht, s. S. 12)

1 rote Zwiebel

½ Apfel

PEPERONI-ÖL

1 mittelscharfe rote Peperoni o.Ä.

4 EL Öl, z.B. Kürbiskernöl

AUSSERDEM

½ Bund Koriander

2 Bund Minze

1 Kürbis schälen und mit einer Mandoline in dünne Streifen schneiden oder auf einer Kastenreibe grob raspeln. Mit Salz und etwas Muskat würzen. Stehen lassen, bis der Dip fertig ist.

2 Für den Dip Joghurt und Miso verrühren. Zwiebel und Apfel schälen, klein würfeln, ebenfalls unterrühren. Peperoni hacken und mit dem Öl mischen, ziehen lassen. Die Kräuter waschen und trockenschütteln.

3 Kürbis mit dem Mehl mischen, überflüssiges Mehl zwischen den Händen locker abschütteln. Nacheinander ca. 8 kleine Rösti mit dem Olivenöl ausbacken. Das dauert etwa 10 Minuten, dabei einmal wenden. Die Temperatur soll ziemlich hoch sein, damit die Rösti schön knusprig werden.

4 Rösti mit Joghurtdip anrichten, etwas Peperoni-Öl über den Dip geben, Kräuter zum Zupfen dazulegen und sofort genießen.

20 Minuten und 10 Minuten Garzeit

Süßes

Zitronen, Quitten, Beeren und Schokolade, das sind die Zutaten für meine liebsten Desserts. Ob Crème-Brulée-Popsicles, Semifreddo oder Schokokuchen mit Brezencrunch – viele der Desserts lassen sich sehr gut vorbereiten. Alle schmecken leicht und aromatisch. Außerdem: der legendäre Limoncello-Tonic-Cocktail mit dem ersten Stop-Motion-Video zur Kolumne.

Zitronenparfait / Semifreddo al limon

Zitronen kommen mir seit ein oder zwei Jahren durchschnittlich fruchtiger, süßer und reifer vor, als sie früher waren. Die Chancen, wunderbare Zitronen zu finden, sind deutlich gestiegen, seit es für den Einzelhandel und auch für Endkund*innen leicht geworden ist, auf Crowdfarming-Plattformen ohne große Umwege bei Zitronenproduzent*innen zu bestellen. Zitronen sind wichtig für meine Küche – besonders für viele erfrischende Desserts. Ich verwende Zitrusfrüchte aus Bio-Anbau, denn nur dann ist sicher, dass auch die Schalen gesund sind. Schon um Foodwaste zu vermeiden, will ich die Schalen unbedingt nutzen. Außerdem enthalten sie große Mengen duftender Zitrusöle. Mit Zitrussschale schmeckt alles besser.

Ein Lieblings-Grundrezept ist für mich das Semifreddo, also Eisparfait. Ein gutes Semifreddo kann so cremig sein wie ein gutes Creme-Eis aus der Gelateria. Dabei können Sie es sehr gut zuhause vorbereiten und zwar ohne teure Eismaschine. Ein Küchenthermometer wäre hilfreich, muss aber nicht sein: Bei 121 Grad werden die Blasen im kochenden Zuckersirup seidig-glänzend. Sie sehen, dass die Wände der Blasen eine gewisse Dicke haben, ein Tropfen des Sirups wird auf einem kalten Teller schnell fest, aber noch nicht hart. Die Technik klingt komplizierter, als sie ist, ein paar Grad hin oder her bewirken nur, dass das fertige Parfait vielleicht etwas weniger luftig wird als geplant.

Nach einem guten Rezept für Semifreddo al limone habe ich länger gesucht, ohne Erfolg. Auch meine reichhaltige Auswahl italienischer Kochbücher ignoriert das Thema Zitronenparfait. Dabei drängt sich die Kombination doch geradezu auf! Sanft erstaunt habe ich das Rezept entwickelt und so hoffentlich eine Lücke im kulinarischen Kulturerbe Italiens geschlossen. Und wenn das Semifreddo al limone ausnahmsweise gerade aus ist, habe ich dennoch oft ein Semifreddo im Gefrierfach, mit Quitten, karamellisierten Nüssen oder Schokolade – nur wässrige Früchte sind schwieriger. Zu viel Wasser bildet kleine Kristalle im Eis, das ist dann nicht mehr parfait.

FÜR CA. 12 PERSONEN

2 saftige Amalfi-Zitronen

3 Eier (M) = 60–75 g Eigelb und 90 g Eiweiß

190 feiner Zucker

Prise Salz

500 g Sahne

●●○

25 Minuten und 4 Stunden Kühlzeit

1 Zitronen waschen, abtrocknen und die Schalen hauchdünn abreiben. 100 ml Zitronensaft auspressen (oder 100 g Zitronenfruchtfleisch auslösen und einige Male durchschneiden).

2 Eiweiß mit 30 g Zucker fast steif schlagen. 110 g Zucker mit 40 ml Wasser in dem kleinsten aller Töpfe kochen, bis der Sirup 121 Grad heiß ist, dann unter ständigem Schlagen in das Eiweiß einlaufen lassen. Weiterschlagen, bis die Mischung einigermaßen abgekühlt ist.

3 Einen kleinen Topf 3 cm hoch mit Wasser füllen, zum Kochen bringen. Eine Metallschüssel aussuchen, die gut auf den Topf passt. Eigelbe mit 50 g Zucker, Zitronensaft, Zitronenschale und Salz darin verrühren, auf den Topf mit kochendem Wasser setzen und die Mischung mit dem Schneebesen oder einem Handrührgerät schlagen. Sobald sie beginnt cremig zu werden, vom Herd nehmen (sie sollte 75 Grad haben, man sieht auch, wenn die Konsistenz beginnt dicker zu werden). Kalt schlagen, dabei sollte sich das Volumen erhöhen, die Masse wird dick und schaumig.

4 Sahne schlagen, die Zitronencreme unterheben. Eiweiß noch einmal durchrühren, ebenfalls unterheben. In Formen füllen und mindestens 4 Stunden tiefkühlen.

Extrakick eingekochte Zitronenschalen: 300 g Bio-Amalfi-Zitronen vierteln, dreimal in kochendem Wasser 1 Minute kochen, das Wasser jeweils abgießen. Dann mit 400 ml Wasser und 200 g Zucker aufkochen, ½ Vanilleschote mit in den Topf geben und 90 Minuten sehr (!) sanft köcheln. Vom Herd nehmen und 24 Stunden durchziehen lassen. Die Schalen klein würfeln und je ½ TL auf jedem Parfait mit etwas vom Sirup verteilen.

ZITRONENPARFAIT S. 164

DIE MAGISCHE ZITRONENCREME S. 169

Die magische Zitronencreme

Zu Recht gehört Panna cotta zu den Klassikern der italienischen Küche – wenn das Verhältnis zwischen Sahne und Gelatine stimmt, ist die Panna cotta ein Dessert, das schmeichelnd zwischen Gaumen und Zunge zergeht. Aber der Name „gekochte Sahne" deutet darauf hin, dass mit dem heute gebräuchlichen Rezept etwas nicht stimmt: Wir kochen die Sahne zwar kurz auf, doch gebunden wird die Creme mit Gelatine, und technisch betrachtet könnte man die Gelatine auch mit ganz wenig Flüssigkeit auflösen und dann in die kalte Sahne rühren. Wenn man den Namen Panna cotta ernst nimmt, liegt der Gedanke nahe, dass es früher mal eine elegantere Version des Rezeptes gab – ohne zusätzliche Bindemittel. Eigentlich müsste es nämlich möglich sein, die Sahne einzukochen, bis sie beim Abkühlen von selber fest wird. Ich habe es probiert: Das Ergebnis ist sehr fett und erinnert an irgendetwas zwischen Dosenmilch und Mascarpone. Ein historisches Rezept habe ich bisher weder in meinem Kochbuchregal noch im Netz gefunden, obwohl ich ganz gut Italienisch spreche. Vielleicht hatte die heutige Panna cotta einfach keine Vorläufer und der Name hat keine tiefere Bedeutung. Trotzdem fasziniert mich die Idee einer Creme ohne zusätzliche Bindemittel.

Ganz unerwartet kommt die Lösung aus England, dort ist vor ein paar Jahren ein mittelalterliches Getränk namens Posset als Dessert wieder aufgetaucht. Dafür wird Sahne ein wenig eingekocht und dann mit Zitronensaft verrührt. Ich hätte erwartet, dass die Sahne ausflockt wie alte Milch im Kaffee. Doch oh Wunder: Nichts flockt aus und beim Abkühlen entsteht eine zauberhafte Creme, ganz zart, glatt und so cremig, wie es eine Panna cotta nie sein kann. Wie das funktioniert, ist mir ein Rätsel, doch egal – die Zitronencreme schmeckt großartig. Englische und amerikanische Rezepte verwenden Sahne mit höherem Fettgehalt und die meisten sind viel zu süß – deswegen habe ich den Zuckergehalt reduziert und die Kochzeiten angepasst.

FÜR 6 PERSONEN

500 ml Sahne (wenn mgl. 32% Fettgehalt)
2 saftige Bio-Zitronen
120 g Zucker
Prise Salz

MARINIERTE KIRSCHEN

250 g Kirschen*
1 EL Zucker
2 cl Limoncello
12 Cantucci

* Schmeckt toll mit Sauerkirschen, aber Süßkirschen, Aprikosen, Pfirsiche gehen auch, dann etwas weniger Zucker nehmen.

15 Minuten und 2 Stunden Kühlzeit

1 Die Sahne in einem breiten Topf 10 Minuten auf mittlerer Stufe einkochen, sodass sie stark blubbert ohne überzukochen. Vorsichtshalber einen Schneebesen in den Topf legen, damit man schnell rühren und gleichzeitig pusten kann, falls die Sahne doch droht überzukochen.

2 Zitronen waschen, die Schale fein abreiben, 90 ml Saft auspressen. Saft und die Hälfte der Zitronenschale mit dem Zucker kochen, bis sich der Zucker aufgelöst hat. Die kochende Sahne unterrühren, vom Herd nehmen und 5 Minuten ziehen lassen, dabei ab und zu umrühren. Die Mischung durch ein feines Sieb gießen, in 6 Gläschen verteilen. Sobald die Creme etwa Zimmertemperatur erreicht hat, in den Kühlschrank stellen. Nach etwa 2 Stunden ist die Creme fertig, zugedeckt hält sie sich ein paar Tage im Kühlschrank.

3 In der Zwischenzeit die Kirschen marinieren: Kirschen waschen und entsteinen, große Kirschen halbieren. Mit Zucker und Limoncello mischen, ziehen lassen. Kirschen, Cantucci und restliche Zitronenschale auf der fertigen Creme verteilen, dabei die Cantucci nach Wunsch leicht zerbröseln.

Ferdinands Limoncello-Tonic

Limoncello ist ein Zitronenlikör – da wo die Zitronen blühen, kann er sehr gut ein schönes Essen abrunden. Die kleinen, gelben Flaschen bieten sich geradezu an als Mitbringsel für Nachbar*innen, Freund*innen oder den eigenen Keller. Und da steht es dann, das süße Zeug. Bei mir haben sich schon einige Flaschen von verschiedenen Reisen angesammelt. Eigentlich ist Limoncello untrinkbar nördlich der Alpen. Dachte ich.

Doch dann mixte mir Ferdinand, ein befreundeter Koch und Weinhändler, einen ganz einfachen Longdrink aus Limoncello und einem sehr herben Tonic Water (aus München). Mit Eiswürfeln, einem Streifen Zitronenschale und Basilikumblättern. Mehr war nicht dabei. Doch die Kombination ist supersommerlich, frisch und einfach genial. In der Welt der Cocktails ist es wirklich schwierig, grundlegend neue Klassiker zu erfinden. Die Rezepte sind zu einfach, zu wenige Zutaten, zu simple Techniken. Doch das Limoncello-Tonic könnte tatsächlich so ein neuer Klassiker werden. Vor ein paar Jahren hatte ich für das SZ-Magazin schon mal einen Cocktail erfunden, der später sehr populär wurde. Wir nannten ihn damals Holdirinha. Als Hugo hat er sich schließlich durchgesetzt. Ferdinands Limoncello-Tonic fehlt also noch ein guter Name. Was schlagen Sie vor?

FÜR 1 GLAS

4 cl Limoncello

6 Eiswürfel

1 fingerlanger Streifen Bio-Zitronenschale

3 Basilikumblätter

200 ml herbes (!!!) Tonic Water

5 Minuten

Limoncello in ein Glas mit den Eiswürfeln geben, Zitronenschale über den Eiswürfeln leicht drücken, sodass sich die ätherischen Öle auf dem Eis verteilen. Basilikumblätter zugeben, mit Tonic Water aufgießen.

Pfirsichcarpaccio mit schwarzen Johannisbeeren, Espresso-Pistazienkrokant

FÜR 4 PERSONEN

KROKANT

2 EL grüne Pistazienkerne

1 EL Espressokaffeebohnen

2 TL Muscovadozucker

½ TL Nussöl oder feines Rapsöl

Fleur de Sel

PFIRSICHCARPACCIO

4 aromatische Pfirsiche (reif, aber gerade noch nicht weich)

50 g schwarze Johannisbeeren

Saft von ½ saftigen Bio-Zitrone

2 EL Nussöl oder feines Rapsöl

Pfeffer oder Schokoladenpfeffer

● ○ ○

15 Minuten

1 Zuerst den Krokant vorbereiten: Pistazienkerne in einer kleinen Pfanne rösten, bis sie duften und gebräunte Stellen sichtbar werden. Espressobohnen zugeben, heiß werden lassen. Mit Zucker bestreuen, nicht bewegen, den Zucker anschmelzen lassen, dann mit dem Öl verrühren und leicht karamellisieren lassen. Auf einen Teller geben, mit wenig Fleur de Sel bestreuen, solange der Zucker noch heiß ist. Dann abkühlen lassen, grob hacken.

2 Pfirsiche waschen, halbieren, dabei den Stein entfernen. Die Hälften in dünne Scheiben schneiden und wie ein Carpaccio flach auf Tellern auslegen. Johannisbeeren auf den Pfirsichen verteilen, alles mit Zitronensaft und Nussöl beträufeln. Mit einem Hauch Pfeffer oder Schokoladenpfeffer würzen und mit Krokant bestreuen.

3 Schmeckt grandios pur, etwas Zitronensorbet oder Zitronenparfait (S. 164) passt aber auch sehr gut dazu.

Zitronen-Brombeer-Cremetörtchen

Zitronentarte ist ein Thema, zu dem ich immer wieder zurückkomme. Für einen möglichst knusprigen Mürbteig ist es üblich, den Teig in eine Form zu legen und dann „blind" zu backen. Dafür lege ich normalerweise ein Stück Backpapier über den Teig und das Papier beschwere ich mit trockenen Erbsen oder anderen Hülsenfrüchten. Sobald der Teig halb gebacken ist, können die Erbsen weg, die Füllung kommt auf den Teig und alles wird zusammen fertiggebacken. So kann die Füllung den Teig nicht aufweichen. Aber leider sinkt der Teigrand beim Blindbacken immer etwas in sich zusammen und wird dabei ein wenig dicker – je kleiner die Form, umso weniger kann das Gewicht der Hülsenfrüchte den Teigrand stabilisieren. Wenn ich aber eine Muffinform mit Teigkreisen auslege und dann mit einer zweiten Muffinform und einem kleinen Zusatz-Gewicht beschwere, dann bleibt der Rand beim Backen schön gleichmäßig dünn. Klappt natürlich auch mit größeren Formen, aber bei kleinen Portions-Törtchen ist die Verbesserung besonders deutlich.

Als wir den Trick ausprobierten, war es so heiß in der Küche, dass wir den Ofen nur so kurz wie möglich laufen lassen wollten. Die Creme für die Füllung funktioniert ähnlich wie das angelsächsische „Lemon curd" und diese spezielle Zitronencreme wird oft als Brotaufstrich verwendet. Mit diesem Gedanken im Kopf füllten wir also die kalte Creme in die abgekühlten, knusprigen Teigschalen – ohne die Törtchen dann wie gewohnt noch einmal zu backen. Und dann fragten wir uns, warum wir erst jetzt auf diese Idee gekommen waren. Probieren Sie es aus, in der Evolution der Zitronentörtchen ist die neue Methode ein echter Fortschritt.

FÜR 12 PERSONEN/TARTELETTES

CREME

175 g + 75 g Brombeeren (alternativ Blaubeeren)

2 EL Zitronensaft und geriebene Schale von ½ Bio-Zitrone

75 g Zucker, z.B. Muscovadozucker

3 Eier (M)

50 g Butter

60 g Crème fraîche

TEIG

250 g Mehl

50 g Zucker

Prise Salz

150 g Butter

2–3 EL kaltes Wasser

optional: Zitronenverbene zum Garnieren (schmeckt sehr gut dazu)

● ● ○

45 Minuten, 30 Minuten Ruhezeit, 20 Minuten Backzeit und mindestens 4 Stunden Kühlzeit

1 Für die Creme 175 g Brombeeren pürieren und durch ein Sieb streichen, 125 g Püree abwiegen. Brombeerpüree mit Zitronensaft und -schale, Zucker, Eiern, Butter und Crème fraîche mischen, in einer Metallschüssel über einem passenden, kleinen Topf mit 4 cm kochendem Wasser 15–20 Minuten sanft erhitzen, bis die Creme dick wird. Dabei darf der Schüsselboden nicht im Wasser hängen. Häufig umrühren. Mindestens einige Stunden kühl stellen, die Creme kann auch im Voraus zubereitet werden.

2 Für den Teig Mehl mit Zucker und Salz mischen, mit den Fingerspitzen mit der Butter verkrümeln. Wasser zugeben und den Teig zu einem Ball kneten. Im Kühlschrank mindestens 30 Minuten ruhen lassen.

3 Backofen auf 180 Grad Umluft vorheizen. Mürbteig auf einer mit wenig Mehl bestäubten Arbeitsfläche knapp 3 mm dünn ausrollen. Muffin- oder Tartelettsformen buttern, den Teig rund ausschneiden, in die Formen legen, überstehende Ränder abschneiden. Formen jeweils mit einer zweiten Backform desselben Typs beschweren, ein kleines Gewicht darauflegen. Teig 10 Minuten im Ofen blind backen. (Alternativ auf gewohnte Weise mit Hülsenfrüchten blind backen.) Die zweite Form abheben, Teig weitere 10 Minuten hellgolden backen. Vollständig auskühlen lassen.

4 Beerencreme in die Teigschalen füllen, Brombeeren auf den Tartelettes verteilen, mit Verbenenblättchen garnieren.

ZITRONEN-BROMBEER-CREMETÖRTCHEN S. 175

CRÈME-BRULÉE-POPSICLES S. 178

Crème-Brulée-Popsicles

Crème Brulée einfrieren, als Stieleis! Die Idee ist so einfach wie genial – und wie bei vielen bahnbrechenden Erfindungen auch einem Zufall zu verdanken: Foodstylist Nils hatte etwas Vanillecreme für Crème Brulée übrig, aber keine freien flachen Formen. Er garte sie in unseren Canelés-Förmchen aus Silikon. Darin kann man sie aber nicht mit dem Flammenwerfer karamellisieren, sonst verbrennt die Form – also landeten die kleinen Crèmes erstmal im Gefrierfach. Und irgendwann, als nach dem Mittagessen alle in der Versuchsküche Lust auf ein kleines Dessert hatten, auf unserem Tisch. Die Konsistenz der gefrorenen Creme war wunderbar und wir überlegten, wie man den „Brulée-Effekt" auf ein kleines Stieleis oder neudeutsch Popsicle übertragen könnte. Einfach mit dem Brenner karamellisieren geht nicht, in Karamell tauchen auch nicht, sonst schmilzt zu viel vom Eis. Also entschieden wir uns für Karamellbrösel. Die ersten versuchten wir einfach aus schmalen Karamellfäden mit der Hand zu zerkrümeln. Das geht einigermaßen, aber es bleiben zu viele große Karamellstücke. Einmal ganz kurz im Blitzhacker pulverisiert, schmecken die festen Karamellkrümel auf dem supercremigen Popsicle dagegen ganz wunderbar. Wenn man nicht alle Popsicles auf einmal isst, muss man allerdings mehrfach Karamell kochen, denn der Zucker ist hygroskopisch, zieht also Wasser an und wird schnell weich und klebrig. Einen Tag in einem gut verschlossenen Gefäß übersteht er, länger eher nicht. Allerdings schmecken die kleinen Popsicles so gut, dass sie oft wesentlich schneller als gedacht einfach verschwinden.

FÜR 12–15 STÜCK
200 g Zucker
8 Eigelb
1 Vanilleschote*
500 g Sahne
250 ml Milch

* Oder einen Teil des Zuckers durch Vanillezucker ersetzen.

● ○ ○
40 Minuten und 1 Stunde Garzeit

1 125 g Zucker und Eigelbe in einer Schüssel verrühren. Vanillestange längs halbieren, das Mark mit einem Messerrücken herauskratzen und zusammen mit Sahne und Milch aufkochen. Die heiße Masse unter ständigem Rühren unter die Eier-Zucker-Mischung rühren. Anschließend die Eiermasse durch ein feines Sieb gießen.

2 Backofen auf 85–90 Grad Umluft vorheizen. Die Temperatur muss recht genau stimmen. Ist der Ofen zu kalt, wird die Creme nicht fest, ist er zu heiß, gibt es Rührei. Wenn Sie nicht genau wissen, wie exakt ihr Ofen heizt, legen Sie beim ersten Versuch einfach ein Bratenthermometer mit in den Ofen, so lässt sich die richtige Einstellung schnell herausfinden. Crème-Brulée-Masse in 12–15 Espresso-Tassen o.Ä. verteilen und im Ofen auf der mittleren Schiene 60–65 Minuten garen (falls die Tässchen größer sind, dauert es etwas länger). Aus dem Ofen nehmen und abkühlen lassen. Eisstiele in die abgekühlte Creme stecken und dann im Tiefkühler gefrieren lassen.

3 Restlichen Zucker in einem sehr kleinen Topf mit 2–3 EL Wasser kochen lassen, bis der Zucker golden karamellisiert. Dabei möglichst nicht rühren. Karamell auf einen geölten Teller oder ein Backpapier gießen – am besten in Streifen. Abkühlen lassen und dann in einem Blitzhacker grob pulverisieren.

4 Tassen mit der Crème Brulée kurz unter fließendes Wasser halten (die Creme soll dabei trocken bleiben), Crème-Brulée-Popsicles mit dem Stiel aus den Formen drehen, kurz stehen lassen. Dann in Karamellkrümeln wälzen und servieren.

Quittensaft

In meinem Wohnviertel stehen einige alte Quittenbäume und im Spätherbst, während der Erntezeit, finden sich jedes Jahr ein paar Kisten mit Quitten auf Gartenmäuerchen zum Mitnehmen – eine Art lokale Sharing-Kultur ohne jedes Internet. Die Quittenernte überfordert viele Baumbesitzer*innen, denn die Früchte sind hart, man muss sie schneiden und so viel Quittengelee, wie ein einzelner halbwegs gesunder Baum hervorbringt, kann eine einzelne Familie gar nicht aufessen. In meinem Keller lagert deshalb noch fantastisches Quittengelee – von 2012.

Doch ich habe eine Lösung gefunden: Quittensaft ist ein wirklich großer Genuss. Dabei entspricht ein Glas Quittensaft einem Glas Quittengelee, ist aber sofort ausgetrunken – Quittenschwemme ade! Es gibt zwei Arten, Quitten zu entsaften: Man kann die Früchte wie Äpfel roh schreddern und pressen. Entweder in kleinen Haushaltsentsaftern oder in Obstgegenden auch bei Lohnkeltereien. Der rohe Saft schmeckt leicht herb, aber gut, sehr erfrischend. Auch manchem Apfelsaft wird Quittensaft beigemischt, als eine Art natürlicher Geschmacksverstärker. Bis zu fünf Prozent müssen auf der Apfelsaftflasche nicht einmal deklariert werden.

Doch für mich ist die wahre Entdeckung ein Saft aus gekochten Quitten. Also der Saft, den man zu Quittengelee einkochen könnte. Im kochenden Wasser entfaltet sich das Quittenaroma besonders gut und vor allem löst sich Pektin aus den Früchten. Das bindet den Saft ein wenig, ähnlich wie Gelatine eine reichhaltige Brühe bindet. Im Mund fühlt es sich an, als würde der cremig-viskose Quittensaft Gaumen, Zunge und Hals streicheln. Jeder Schluck Quittensaft wirkt wie eine Duftentspannung mit gleichzeitiger Wellnessmassage von innen!

Es geht ganz einfach: Quitten waschen, falls nötig den Flaum abreiben. Die Früchte mit einem großen Sägemesser vierteln, die Stücke in dicke Scheiben schneiden und in einem passenden Topf knapp mit Wasser bedeckt weich kochen. Je nach Sorte kann das zwischen 30 und 60 Minuten dauern. Den Saft durch ein feines Sieb abgießen, in Flaschen mit Schraubdeckeln oder Bügelverschluss füllen und sofort verschließen. Kleine Mengen im Kühlschrank lagern und in ein oder zwei Monaten verbrauchen, größere Mengen zusätzlich sterilisieren. Dafür ein Küchentuch oder ein Gitter in einen Topf legen, in dem die Flaschen eng nebeneinander stehen. So fallen sie später nicht um. Die Flaschen mit dem heißen Saft in den Topf stellen. Mit heißem Wasser bedecken, aufkochen und 20 Minuten kochen lassen. Solange die Flaschen geschlossen bleiben, hält sich der Saft einige Jahre ohne Kühlung.

Bevor ich zu dieser simplen Methode zurückgekommen bin, habe ich alle möglichen Varianten probiert – mit Zitronensaft, Gewürzen und Zucker. Aber das braucht es alles nicht, die Früchte sind selber sauer genug, das Aroma ist wunderbar und der Saft süß genug. Nicht ganz reife oder sehr herbe Sorten mögen mit einer Prise Zucker oder Honig gewinnen – bei den Feld-Wald-und-Wiesen-Quitten aus meinem Garten ist das in den meisten Jahren nicht nötig und die türkischen Quitten im Gemüsehandel brauchen normalerweise erst recht keine zusätzliche Süße.

Quittenparfait

Äpfel und Birnen kann man einfach roh essen, Quitten nicht. Vor allem für Quitten braucht es deshalb gute Ideen – ein Quittenparfait, also ein Eis ohne Eismaschine, passt perfekt, weil das intensive Quittenaroma die Sahne im Parfait wunderbar aromatisiert. Für Parfaits mit weniger aromatischen Früchten muss der Fruchtanteil viel höher sein, damit man überhaupt etwas davon schmeckt, dadurch kommt zu viel Wasser ins Eis und es bilden sich Kristalle. Nicht so im Quittenparfait, das bleibt schön cremig.

FÜR 10–12 PERSONEN

QUITTENPARFAIT

500 ml Quittensaft (S. 180)
150 g Zartbitterschokolade oder Zartbitterkuvertüre
3 Eigelb
40 g Zucker
4 cl Quittengeist (oder Rum oder ein anderer passender Obstbrand)
400 g Sahne

AUSSERDEM

1 Quitte
1 EL Butter

●●○

30 Minuten und mindestens 4 Stunden Kühlzeit

1 Für das Parfait zuerst den Quittensaft in einem kleinen Topf sirupartig einkochen, bis nur noch 150 ml übrig sind. Vom Herd nehmen.

2 Einen kleinen Topf 3 cm hoch mit Wasser füllen, zum Kochen bringen. Eine Metallschüssel, die gut auf den Topf passt, aussuchen. Die Schokolade hacken, zwei Drittel davon über dem Wasserbad schmelzen, vom Herd nehmen und die restliche Schokolade unterrühren, bis alles geschmolzen ist. Etwa 12 Silikon-Portionsformen – zum Beispiel für Mini-Gugelhupfe oder, noch besser, für Canelés de Bordeaux – mit Schokolade ausstreichen, abkühlen lassen. (Alternativ eine Kastenform mit einem Streifen Backpapier auslegen, mit Schokolade ausstreichen und das Parfait in der Form gefrieren, vor dem Servieren im Kühlschrank 20 Minuten warm werden lassen, dann in Scheiben schneiden.)

3 Die Metallschüssel säubern. Eigelbe mit dem Zucker in der Schüssel verrühren und mit dem Schneebesen oder einem Handrührgerät über dem kochenden Wasser dick-schaumig aufschlagen. Sobald der Schneebesen deutliche Spuren im Eischaum hinterlässt, die Masse vom Herd nehmen. Sofort 100 ml Quittensirup und den Quittengeist unterrühren, um den Garvorgang zu stoppen. Abkühlen lassen, die Sahne schlagen, unter die Quittenmasse heben und in die vorbereiteten Formen füllen, einfrieren.

4 Zum Servieren die Parfaits vorsichtig aus der Form drücken, auf Teller setzen und ein paar Minuten temperieren. Mit einem Stück in Butter gebratener Quitte und ein paar Tropfen Quittensirup servieren.

Zusatzkomplikation für Profis: Das Parfait zusätzlich mit Quittenmus marmorieren – das sieht hübsch aus und bringt auch noch zusätzlichen Geschmack. Dafür insgesamt etwas mehr Quittensirup kochen: aus 650 ml Saft 200 ml Sirup. 2 Teile ungesüßtes Quittenmus mit 1 Teil Zucker dick einkochen, dabei ständig rühren. Vom Herd nehmen, 50 ml Quittensirup einrühren, abkühlen lassen (nicht zu sehr, sonst wird es fest), dann beim Füllen der Parfaits jeweils 2 TL Quittenmus mit einem Löffelstiel unter das Parfait marmorieren.

QUITTENPARFAIT S. 182

QUITTENTARTE-TATIN S. 186

Quittentarte Tatin

Immer im Oktober werbe ich für die goldene Frucht der Liebesgöttin Aphrodite: Ihr Duft erinnert mich an meine Großmutter und ihren Quittenkäse, den sie uns Kindern zu Weihnachten aus der DDR schickte. Zusätzlich ist die Quitte für mich auch ein Symbol für eine zupackende Lebenseinstellung, die mir gefällt: Ihr betörender Duft verwandelt sich nicht von selber in wunderbare Geschmackserlebnisse, man muss die harten, herben Früchte schneiden und dann passend zubereiten. Wer eine Quitte in eine Quittentarte verwandelt, wird auch andere Aspekte des Lebens aktiv gestalten. Und umgekehrt wird der reine Konsument, der mit Quitten wenig anfangen kann, vermutlich auch sonst wenig Verantwortung übernehmen wollen. Jeder – egal welchen Geschlechts –, der also die Deutsche Bank, den Bundestag oder auch eine Umweltschutzorganisation führen will, sollte vorher ein Quittenrezept kochen. Wenn das nicht klappt, dann könnte es auch mit der aktiven Gestaltung der Organisation Probleme geben. Aber auch unabhängig von diesem quittenbasierten Persönlichkeitstest lohnt es sich auf jeden Fall, die Tarte zu backen: Sie ist weniger süß und viel duftiger als eine klassische Tarte Tatin aus Äpfeln. Die ja auch schon sehr gut schmecken kann.

FÜR 1 TARTE MIT
CA. 24 CM DURCHMESSER

TEIG

150 g Mehl
3 EL Zucker
1 Prise Salz
100 g Butter
1 Eigelb

FÜLLUNG

1,25 kg kleinere Quitten
80 g Butter
80 g Zucker (z.B. Muscovadozucker)

AUSSERDEM

Schlagsahne zum Servieren

30 Minuten und 1 Stunde Gar- und Backzeiten

1 Mehl, Zucker und Salz in einer flachen Schüssel mischen. Butter auf dem Mehl verteilen, Eigelb zufügen. Alle Zutaten miteinander verkrümeln. Die Krümel kurz mit den Händen zu einem Ball kneten, in Folie einwickeln und mindestens 30 Minuten im Kühlschrank ruhen lassen.

2 Ofen auf 200 Grad vorheizen (Umluft 180 Grad). Quitten waschen, abreiben und vierteln (große Quitten achteln), Kerngehäuse herausschneiden. Die Stücke mit 200 ml Wasser etwa 10 Minuten zugedeckt dünsten, kurz abkühlen lassen, falls noch Saft übrig ist, abgießen (den Saft aufheben und trinken). Die Garzeiten schwanken bei Quitten erheblich, die kleinen Quitten aus meinem Garten waren nach 5 Minuten schon sehr weich, andere Sorten oder größere Exemplare können viel länger brauchen. Fertig sind sie jedenfalls, wenn sie nicht mehr bissfest, sondern weich sind. Eine ofenfeste schwere gusseiserne Pfanne oder gusseiserne Tarteform mit ca. 24 cm Durchmesser mit Butter und Zucker auf dem Herd erhitzen. Sobald der Zucker geschmolzen ist, die Form kurz vom Herd nehmen, Quittenstücke mit der Schale nach unten kreisförmig einschichten. Bei mittlerer Hitze 3–4 Minuten auf dem Herd karamellisieren.

3 In der Zwischenzeit den Mürbteig auf einer mit Mehl bestäubten Arbeitsfläche etwas größer als die Form ausrollen. Vorsichtig auf die Quitten legen, überstehende Teigränder in die Form stupsen. Etwa 35 Minuten backen, aus dem Ofen nehmen, kurz ruhen lassen. Eine Kuchenplatte darauflegen, Tarte stürzen, die Form vorsichtig abnehmen. Noch warm mit Schlagsahne essen.

Veganer Sckoko-Tassen-kuchen mit Salzkaramell und Kirschen

Der Schokokuchen mit flüssigem Kern ist die großartige Erfindung des französischen Dreisternekochs Michel Bras. Er gibt eine selbst gemachte und tiefgekühlte Praline in den Teig, wo sie dann während der Backzeit schmilzt. Es geht auch ohne die Praline, wenn der Teig so gut schmeckt, dass man ihn auch roh oder eben nur leicht erwärmt genießen kann. Dann reicht es, das Küchlein einfach nicht ganz durchzubacken.

Die zahlreichen Varianten dieser kleinen Schokoverführung haben eines gemeinsam: Es kommt viel Butter und Ei in den Teig. Ich wollte eine vegane Version entwickeln, wahrscheinlich weil meine Frau meinte, es sei nicht möglich. Der Teig ohne Ei wird tatsächlich schön locker und saftig. Aquafaba, die Kochflüssigkeit von Hülsenfrüchten, insbesondere Kichererbsen, enthält viel Protein und verhält sich wie Hühnereiweiß, sie lässt sich zum Beispiel genau wie Eiweiß steif schlagen. Sie lockert und bindet also auch Kuchenteige sehr gut. Aquafaba in Dosen und Gläsern von Kichererbsen ist sehr unterschiedlich konzentriert – wählen Sie eine sämigere Variante.

Wenn Ihnen Salzkaramell oder Kirschensorbet zu aufwändig erscheinen, lassen Sie eines oder beides erstmal weg, der Kuchen wirkt auch ganz für sich schon sehr überzeugend.

FÜR 6–8 PERSONEN

SCHOKO-TASSENKUCHEN

150 ml Aquafaba (s. Einleitungstext)
150 g feiner Backzucker
150 g vgane Zartbitter-Schokolade oder dunkle Kuvertüre
120 g Kokosöl und etwas Öl für die Formen
70 g Dinkelmehl
1 Prise Zimtpulver

SALZKARAMELLCREME

150 g Rohrohrzucker
60 g Kokosöl
100 g Hafersahne
Salzflocken oder Fleur de Sel

AUSSERDEM

200 g Kirschen
4 Kugeln Kirschsorbet

1 Stunde und 3 Stunden Kühlzeit sowie 13 Minuten Backzeit

1 Aquafaba fast steif schlagen, dann Zucker zugeben, Aquafaba steif schlagen. Kuvertüre hacken und in einer Metallschüssel über einem Topf mit etwas kochendem Wasser schmelzen. Kokosöl in einer zweiten Schüssel cremig rühren – im Sommer reicht es, ein paarmal umzurühren, im Winter evtl. ganz kurz auf das Wasserbad setzen. Das Kokosöl soll cremig, aber nicht flüssig werden, an einem heißen Tag muss man es sogar eher kühlen! Geschmolzene Kuvertüre, Kokosöl, Mehl und Zimt nacheinander zügig mit dem Aquafaba-Schnee verrühren. Die Schokoladenmasse in geölte Förmchen verteilen und mindestens 3 Stunden kühlen (kann auch ein ganzer Tag sein, die Kuchen lassen sich gut vorbereiten).

2 Den Ofen auf 180 Grad vorheizen (keine Umluft). Küchlein etwa 13 Minuten im Ofen backen, bis die Oberfläche eindeutig fest und das Innere noch leicht flüssig ist. Die genaue Zeit hängt sehr von der konkreten Backform ab, also evtl. vorher testen. Der Teig schmeckt aber auch als Schokosauce oder wenn er ganz durchgebacken ist.

3 Für den Salzkaramell Zucker mit 75 ml Wasser in einen kleinen, schweren Topf geben. Kochen, bis der Zucker dunkelgolden karamellisiert, dabei nicht rühren. Karamell vom Herd nehmen, Kokosöl und Hafersahne zugeben. Vorsicht, das blubbert stark und kann spritzen! Topf zurück auf den Herd stellen und Karamell etwa 3 Minuten cremig einkochen, sodass die Masse an ein geschmolzenes Sahne-Karamellbonbon erinnert (die Karamellmasse ist dann 108 Grad heiß). Wieder vom Herd nehmen, eine kleine Prise Salzflocken oder Fleur de Sel unterrühren. Abkühlen lassen, dabei ab und zu umrühren. Der Karamell soll ein bisschen cremiger sein als für Plätzchen, damit er sich schnell verteilen lässt.

4 Kirschen entsteinen und ein paarmal durchschneiden. Heiße Kuchen aus dem Ofen nehmen, je 2 EL Kirschen und 1 Kugel Sorbet daraufgeben, mit je 1 TL Karamellcreme und 1 Prise Salzflocken toppen, sofort servieren. Vorsicht – die Formen sind noch einige Minuten lang sehr heiß!

VEGANER SCHOKO-TASSENKUCHEN MIT SALZKARAMELL UND KIRSCHEN S. 188

Sizilianische Mandelplätzchen – Pasta di mandorla

Als Koch habe ich in Sizilien gearbeitet. Nicht nur Land, Küche und die Inseln haben mir sehr gut gefallen, auch Brioche, Granita und „Pasta di mandorla" – das ist eine Art frisch geknetetes Marzipan, das kurz gebacken wird. Das Gebäck reißt beim Trocknen im Ofen an der Oberfläche ein wenig auf, bleibt aber innen weich und saftig. In Sizilien hat jedes Dorf dafür seine eigenen Varianten. Ich verwende Mandeln mit Haut, das sieht später nicht ganz so schneewittchenhaft aus, wie manche Pasta di mandorla aus der Konditorei, schmeckt aber aromatischer. Außerdem reicht viel weniger Zucker, als in traditionellen Rezepten vorgesehen ist.

FÜR CA. 30 STÜCK

400 g Mandeln oder geriebene Mandeln
200 g Puderzucker
1 Bio-Zitrone
1 Ei (M)
1 EL Honig

● ○ ○

20 Minuten und 12 Minuten Backzeit

1 Mandeln etwa 1 Stunde tiefkühlen, dann fein mahlen – am besten in einer Nussmühle, sonst geht auch ein Universalzerkleinerer. Gemahlene Mandeln mit dem Zucker in einen Universalzerkleinerer geben und noch etwas feiner mixen. Die Zitrone abreiben, 2 EL Saft auspressen, Schale und Saft mit Ei und Honig zu den Mandeln geben und alles zu einer festen Paste mixen. Kühlen.

2 Ofen auf 165 Grad Ober-/Unterhitze vorheizen. Ein Backblech mit Backpapier auslegen. Mandelmasse auf etwas Puderzucker zu einer Rolle formen, Stücke von je 20 g abschneiden, zu Kugeln formen. Mit 3 Fingern greifen und auf das Blech setzen, dabei entsteht die typische Dreiecks-Hutform. Wenn Zeit ist, über Nacht leicht trocknen lassen, sonst gleich 10–12 Minuten auf der mittleren Schiene backen, die Plätzchen dürfen nur ganz leicht Farbe nehmen.

3 Auf einem Gitter abkühlen lassen und dann luftdicht verschlossen lagern.

Tipp

Wer will, kann 3 Bittermandeln mitmahlen, um das Aroma noch etwas zu verstärken.

Heidelbeer-Kuchen

Wilde Heidelbeeren schmecken am besten, so viel ist schon einmal klar. Leider kenne ich als fußfauler Stadtbewohner keine Sammelplätze in der Umgebung, obwohl es sicher welche gibt: In unseren heimischen Nadelwäldern gedeihen die Beeren sehr gut. Ich greife also zu, sobald frische wilde Heidelbeeren auf dem Wochen- oder Bauernmarkt angeboten werden. Allein der Gedanke an Heidelbeersorbet, Cremes mit Heidelbeeren oder sogar ganz normale Frühstücks-Haferflocken mit den blauen Beeren lässt mich an nichts anderes mehr denken, bis die Beeren in meiner Küche angekommen sind.

Ein Neuzugang in meinem Heidelbeer-Rezept-Repertoire ist dieser Kuchen mit Heidelbeerfüllung. Die Creme ähnelt der Creme für die Brombeertörtchen auf S. 174, auch hier verwende ich ein spezielles Lemon Curd als Kuchenfüllung. Die Version mit Heidelbeeren braucht aber ein bisschen zusätzliche Säure. Deshalb gebe ich auf den Kuchen nicht einfach Schlagsahne, sondern leicht säuerliche Crème fraîche und noch mehr frische Beeren.

FÜR 1 KUCHEN (24 CM DURCHMESSER)

TEIG

250 g Mehl
50 g Zucker
Prise Salz
150 g Butter
2–3 EL kaltes Wasser

CREME

200 g Heidelbeeren
½ Zimtstange
optional 4 cl Aprikosengeist
50 g Butter
3 Eier
100 g brauner Zucker
3 EL Zitronensaft

BELAG

100 g Sahne
200 g Crème fraîche
200 g Heidelbeeren

●●○

40 Minuten, 50 Minuten Backzeit, 30 Minuten Ruhezeit

1 Mehl mit Zucker und Salz mischen, mit den Fingerspitzen mit der Butter verkrümeln. 2–3 EL Wasser zugeben und den Teig zu einem Ball kneten. Im Kühlschrank 30 Minuten ruhen lassen.

2 Backofen auf 200 Grad vorheizen (Umluft 180 Grad). Heidelbeeren mit Zimt und Aprikosengeist in einem kleinen Topf mit Deckel bei milder Hitze 10 Minuten dünsten, bis sie weich sind. Durch ein Sieb in eine Metallschüssel streichen. Die Butter in kleine Würfel schneiden, die Eier aufschlagen und leicht verquirlen. Butter, Eier und Zucker mit den Heidelbeeren verrühren, 3 EL Zitronensaft zugeben und unter ständigem Rühren über einem kochenden Wasserbad erhitzen, bis die Heidelbeer-Creme beginnt, sämig zu werden. Vom Herd nehmen, durch ein feines Sieb streichen.

3 Mürbteig auf einer mit Mehl bestäubten Arbeitsfläche 3–4 mm dünn ausrollen. Eine Form buttern, den Teig in die Form legen, überstehende Ränder abschneiden. Backform mit Backpapier auslegen, mit Hülsenfrüchten beschweren und 10 Minuten im Ofen backen. Papier mit den Hülsenfrüchten entfernen, Teig weitere 10 Minuten hellgolden backen. Ofentemperatur auf 160 Grad reduzieren (Umluft 140 Grad).

4 Beerencreme in die Teigkruste füllen, 30 Minuten fertig backen, aus dem Ofen nehmen und vollständig abkühlen lassen. Die Sahne steif schlagen, mit Crème fraîche verrühren und auf dem Kuchen verteilen. Restliche Beeren waschen, gut abtropfen lassen und ebenfalls auf dem Kuchen verteilen.

HEIDELBEERKUCHEN S. 194

WALSNUSSKARTELN S. 198

Walnusskarteln

Meine Großmutter schrieb ihre besten Kochrezepte in ein Buch. Ich finde, das sollten alle Großmütter tun und auch Großväter, Mütter und Väter – nur so wird das kulinarische Erbe einer Familie weitergegeben. Rezepte, die meiner Großmutter besonders wichtig waren, illustrierte sie mit kleinen Buntstiftzeichnungen am Seitenrand. Neben dem Rezept für meine Lieblings-Weihnachts-Plätzchen ist auch so eine Zeichnung, aber nur eine ganz kleine. Zu sehen ist ein einzelnes rechteckiges Plätzchen mit gezacktem Rand und einem Walnussviertel als Dekoration. Die Zitronenglasur kann man auch gut erkennen.

Walnusskarteln werden nicht gebacken, sondern nur getrocknet. Eigentlich ist der Teig eine Art verfeinertes Marzipan mit weniger Zucker. Und man könnte auch sagen, die Plätzchen, die meine Großmutter von ihrer Großmutter übernahm, seien ganz einfach plattgewalzte Energyballs. Damals gab es natürlich noch keine Energyballs. Aber wenn man im Teig Zucker durch Datteln ersetzt und in der Glasur Puderzucker mit Kokosblütenzucker oder wenigstens naturbelassenem Muscovadozucker austauscht, dann wird der süße Großmutterkeks plötzlich ziemlich modern. Außerdem schmeckt die Dattelvariante noch besser als meine Lieblingsplätzchen. Das erkennt sogar meine Mutter an. Trotzdem macht sie ihre Walnusskarteln lieber so, wie ihre Mutter sie schon immer gemacht hat. Probieren Sie doch einfach die neue Variante aus.

FÜR CA. 26 STÜCK
100 g Mandeln
250 g Walnusskerne
125 g saftige Datteln

GLASUR
75 g Muscovadozucker
1 EL Zitronensaft
1 TL Rum
ca. 13 schöne Walnusshälften

●○○

30 Minuten und etwa 1 Tag Ruhe- und Trockenzeiten

1 Mandeln kurz in kochendes Wasser legen, abgießen und aus den Häuten schnipsen. Vollständig abtrocknen, dann zusammen mit den Walnusskernen mahlen. Entweder im Blitzhacker oder – besser – in einer richtigen Nussmühle, denn darin werden die Nüsse nicht so warm.

2 Datteln grob hacken, im Blitzhacker zu Püree zerkleinern, dabei, falls nötig, etwas von den Nüssen zugeben. (Restliche) Nüsse nur noch kurz unterkneten. Den Teig zu einer Kugel kneten, 30 Minuten kaltstellen. Den Teig etwa 4 mm dick ausrollen, in Rechtecke schneiden und auf Backpapier über Nacht trocknen lassen, in kühlen Räumen etwas länger.

3 Muscovadozucker im Blitzhacker zu Muscovado-Puderzucker pulverisieren. Mit Zitronensaft und Rum zu einer dicken Glasur verrühren. Walnusshälften halbieren. Die Walnusskarteln damit bestreichen oder mit einem Teelöffel jeweils einen kleinen Klecks auf jedes Walnusskartel geben. Auf jedes Plätzchen eine Stück Walnuss legen, leicht andrücken. Trocknen lassen und dann luftdicht verschlossen aufbewahren.

Großmutter-Variante: Nüsse wie beschrieben reiben und dann mit 2 Eiweiß (M) und ca. 125 g Zucker zu einem Teig mixen. Ausrollen, trocknen und dann glasieren, dabei für die Glasur Puderzucker verwenden.

Schokotarte mit Brezencrunch

Schon die Mutter von Paul Bocuse hat vermutlich eine Prise Salz an die Schneeeier und die Grießflammeries für den kleinen Paul getan – bekanntlich hebt eine Prise Salz auch den Geschmack von süßen Speisen. Seit einigen Jahren wird dieser kleine Salz-Kick manchmal zusätzlich in Szene gesetzt: Die Prise Salz löst sich nicht mehr spurlos in Teigen oder Cremes auf. Stattdessen liegen ein paar hübsche, kleine Salzflocken gut sichtbar auf einem Schokotrüffel, auf einer Tarte mit Karamellfüllung oder auf modernen Eiscremesorten. So verdoppelt der Kontrast zwischen süß und salzig die geschmacksverstärkende Wirkung.

Jedenfalls geht es bei Dingen wie gesalzenen Schokotrüffeln um eine Art Laugenbrezeneffekt, dachte ich mir. Und was liegt näher, als zu probieren, ob man dafür nicht wirklich Laugenbrezen verwenden kann? Eine Bayern-Variante der kleinen knusprigen Flocken-Prise? Leider war nicht ich es, der auf diese tolle Idee kam, sondern Christina Tosi, eine Konditorin aus New York. Mit lebenslanger, mit Hüftgold bezahlter bayerischer Brezenkompetenz habe ich ihre Idee etwas weniger süß umgesetzt und streue die süß-salzigen Knusperbrösel jetzt auf meinen Lieblingsschokokuchen.

FÜR 1 KUCHEN (23–24 CM DURCHMESSER)

TEIG

4 Eier
150 g Zucker
150 g Zartbitter-Kuvertüre
120 g Butter
70 g Mehl
1 TL Zimtpulver

AUSSERDEM

100 g Mini-Salzbrezen (oder Salzstangen)
2 EL Zucker
2 EL weiche Butter
50 g Zartbitter-Kuvertüre
100 g Sahne

●○○

knapp 1 Stunde und 1 Stunde Backzeiten sowie mindestens 3 Stunden Kühlzeit

1 Für den Teig Eier und Zucker mit einem Rührgerät ca. 10 Minuten (!) lang steif schlagen. Gesamte Kuvertüre hacken und 150 g davon in einer Metallschüssel über einem Wasserbad schmelzen. Die Butter klein schneiden und in einer zweiten Schüssel über dem Wasserbad vorsichtig erwärmen. Mit einem Kochlöffel ständig in der Butter rühren, bis sie beginnt cremig zu werden – aber nicht flüssig. Geschmolzene Kuvertüre, Butter, Mehl und Zimt nacheinander zügig mit den Eiern verrühren. Die Schokoladenmasse 3 Stunden kühlen.

2 In der Zwischenzeit den Ofen auf 150 Grad vorheizen (keine Umluft). Brezen leicht zerbröseln, mit Zucker und Butter mischen, auf einem Backblech mit Backpapier ausbreiten und im Ofen 30 Minuten knusprig backen, zwischendurch einmal wenden. Brezencrunch abkühlen lassen.

3 Die Ofentemperatur auf 180 Grad erhöhen. Eine Springform oder Pieform mit halbweicher Butter ausstreichen. Die Schokoladenmasse vorsichtig einfüllen, 20–25 Minuten im Ofen backen, bis sich kleine Risse an der Oberfläche bilden.

4 Aus dem Ofen nehmen, 15 Minuten ruhen lassen, dann aus der Form nehmen, abkühlen lassen. Kuvertüre hacken und schmelzen. Die Sahne steif schlagen, auf dem Kuchen verteilen, die Kuvertüre mit einem Esslöffel über den Kuchen schlenkern, mit Brezencrunch bestreuen und sofort servieren.

SCHOKOTARTE MIT BREZENCRUNCH S. 200

Register

A

B

C

D

E

F

G

H

K

L

M

N

P

Q

R

S

T

U

V

W

Z

HANS GERLACH
Texte, Rezepte, Fotografie

Nach einer Kochlehre sammelte Hans Gerlach reichlich Erfahrungen als Koch in Zwei- und Drei-Sterne-Restaurants, studierte Architektur und spezialisierte sich schließlich darauf, die Zusammenhänge beim Kochen zu erforschen. Den Spaß an dieser Suche bringt der Kolumnist, Food-Fotograf und Kochbuchautor in seiner beliebten SZ-Magazin-Kolumne „Probier doch mal" einem großen Publikum nahe.
foodundtext.de

EWELINA BIALOSZEWSKA
Fotografie

Arbeitet als Dokumentar- und Werbefotografin in München. Zusammen mit Hans Gerlach fotografiert sie die Foodfotos und Stop-Motion-Videos für die Probier-doch-mal-Kolumne. Neben ihrer Arbeit in Hans Gerlachs foodundtext studios und vielen eigenen analogen und digitalen Projekten engagiert sich Ewelina als Mentorin in der künstlerischen Ausbildung von jungen Künstlern.
ewelinabialoszewska.com

NILS LICHTENBERG
Food

Als kreativer Foodstylist und Profikoch hat Nils alle Rezepte für die Fotos zubereitet. Auf dem Münchner Viktualienmarkt findet er ständig ungewöhnliche und inspirierende Zutaten, im Studio pflegt er eine lässige Hand beim Anrichten – wenn nötig aber auch den peniblen Perfektionismus des Hobby-Modellbauers.
nils-lichtenberg.de

ELSE RIEGER
Lektorat

Die deutsche Wahlwienerin liebt die Arbeit mit Menschen und mit Sprache. An Kochbüchern schätzt sie die Herausforderung, Wissen und Handlungsanleitungen bestmöglich in Worte und Bilder zu kleiden.

JOHANNA KURZ
Grafische Gestaltung

Lebt in Wien und liebt außer der pflanzlichen Küche Farben, Muster, schöne Dinge aller Art und das Finden von Lösungen für Probleme. Sie lässt sich für die kleinsten Dinge begeistern und ist immer auf der Suche nach neuen Inspirationen, Ideen und Bands.

DANKE
Ewelina und Nils sind mein Team für bald 500 Folgen „Probier doch mal" – zusammen kommen wir auf die besten Ideen für eine visuelle Umsetzung meiner Rezepte. Stefan Wildfeuer komponiert zu jedem Rezept ein passendes Musikstück. Daneben haben fast alle Praktikant*innen, Assistent*innen, Foodstylist*innen und mein früherer Partner Christopher in unseren foodundtext studios auch an der Arbeit für diese Kolumne mitgeholfen. Beim SZ-Magazin betreuen mich die Redakteur*innen mit besonderer Neigung zum Kochen – Anabel und Dirk haben das Buchprojekt mit dem Brandstätter Verlag und seinem großartigen Team auf den Weg gebracht. Meine Frau Susanna, aka „the nose", lektoriert nicht nur die Kolumnentexte, sie probiert auch als Erste meine Experimente: Was ihr schmeckt, wird veröffentlicht. Ohne euch alle gäbe es weder Kolumne noch Buch – vielen Dank!

Liebe Leser*innen,

bleiben wir in Verbindung!
Wir freuen uns auf Ihre Anregungen, Kritik und Wünsche.

leserbrief@brandstaetterverlag.com

Christian Brandstätter Verlag GmbH & Co KG
Wickenburggasse 26, 1080 Wien
Tel.: +43 1 5121543256

Viele weitere Leseinspirationen und Geschenkideen finden Sie unter
www.brandstaetterverlag.com

Werden Sie Brandstätter-Insider*in!

Impressum
1. Auflage 2024

ISBN 978-3-7106-0765-3

Papier: Magno Volume 150 g, 1,1-fach Vol
Gedruckt in der EU

Texte & Rezepte: Hans Gerlach
Herausgeber: SZ-Magazin, Dirk Schönlebe
Fotografie Food:
Ewelina Bialoszewska & Hans Gerlach
Foodstyling: Nils Lichtenberg
Fotografie Team (S.207): Ewelina Bialoszewska (alle Fotos 1. Reihe), Stefan Gyalai (2. Reihe l.), Peter Mollner (2. Reihe r.)
Musik für Videos: Stephan Wildfeuer
Grafische Gestaltung: Johanna Kurz
Lektorat: Else Rieger
Projektleitung Brandstätter Verlag:
Stefanie Neuhart & Alexandra Traxler

Wir tragen Verantwortung

Aus diesem Grund haben wir uns auf den Weg gemacht, um unseren Einfluss auf das Klima und auf den Planeten zu minimieren. Anstelle von Kompensationszahlungen, und über die üblichen Umweltlabel hinausgehend, haben wir uns das Ziel gesteckt, den CO_2-Ausstoß auf allen Ebenen signifikant zu verringern – entlang der gesamten Wertschöpfungskette von der Idee bis zum Buch in Ihren Händen.
Mehr Informationen finden Sie unter
www.brandstaetterverlag.com/nachhaltigkeit